세계 정복은
가능한가

세계 정복은 가능한가?

ⓒ 오카다 토시오 2010

초판1쇄 2010년 11월 25일
초판4쇄 2010년 12월 15일

지은이 오카다 토시오
옮긴이 레진

펴낸이 박대일
편집 임수진
교정 박준용
마케팅 송재진
디자인 김은희(표지), 류미라(본문), 굽시니스트(일러스트)

펴낸곳 파란미디어
출판등록 2004년 9월 14일 제313-2004-00214호

주소 121-886 서울시 마포구 합정동 387-18 현화빌딩 2층
전화 02. 3141. 5589(영업부) 070. 7798. 5589(편집부)
팩스 02. 3141. 5590
전자우편 paranbook@gmail.com
블로그 paranbook.egloos.com

ISBN 978-89-6371-016-7 03300

세계 정복은 가능한가

오카다 토시오 지음
레진 옮김

파란미디어

"SEKAI SEIFUKU" WA KANO KA?

by OKADA Toshio

Copyright © 2007 OKADA Toshio

All rights reserved.

Originally published in Japan by CHIKUMASHOBO LTD. , Tokyo.

Korean translation rights arranged with

CHIKUMASHOBO LTD. , Japan

through THE SAKAI AGENCY and B&B AGENCY.

오카다 토시오 교수의 특별 강좌

'세계 정복을 하자!'

동서고금의 만화, 소설, 영화, 텔레비전 방송에 등장하는 악당

어째서 그 악당은 세계 정복을 하지 못하는 것인가

정의의 히어로가 있기 때문인가?

아니다, 그 이상으로 커다란 문제가 있기 때문이다!

목 차

한국어판 작가 서문

한국의 여러분, 안녕하세요.

저는 옛날부터 서문 읽는 것을 좋아했습니다. 구입한 책은 먼저 서문을 훑어봅니다. 이 책의 저자는 어떤 사람일까? 어떤 마음으로 책을 썼을까?

그렇기 때문에 한국에 계신 당신도 저와 같은 것을 알고 싶어 할지 모른다고 생각했습니다. 책의 내용에 대해서는 일본판 후기에도 써 놓았기에 한국판 서문에서는 자기소개를 써 보도록 하겠습니다.

제 이름은 오카다 토시오. 펜네임이 아니라 본명입니다.

일본에서 '오카다'는 상당히 수가 많은 성씨입니다. 일본인의 성씨는 전부 합하면 30만 종류에 가까운데 그중에서도 당당 32위입니다. 성의 뜻은 별로 대단하지 않은 것 같습니다. '구릉지에 있는 논에서 일한다.'는 정도의 의미인 듯합니다.

선조는 겐지의 피를 이은 사무라이라고 들었지만 그런 건 안 믿지요. 일본같이 좁은 나라에서는 선조를 몇 대 거슬러 올라가면 누구나 다 조상 중에 사무라이나 다이묘가 있는 법입니다. 그런 것보다는 자신이 무엇을 했고, 앞으로 무엇을 할 것인가가 가장 중요하다고 생각합니다. 당신도 그렇게 생각하지 않습니까?

'토시오[斗司夫]'라는 이름은 아버지가 지어 주신 것인데 상당히 보기 드문 이름입니다. 저는 아직 제 자신 이외에 '토시오'라는 이름을 가진 사람을 만난 적이 없습니다.

'토[斗]'는 싸움을 의미하고, '시[司]'는 정황을 컨트롤한다는 뜻입니다. 그리고 '오[夫]'는 용감한 사무라이를 의미합니다. 세 개를 이어 붙이면 '전투를 지배하는 남자'가 됩니다. 오오, 써 놓고 보니 뭔가 이 책과 관계가 있는데요!

태어난 년도는 1958년. 아마도 지금 한국에서 이 책을 손에 들고 있을 친구들보다 나이가 상당히 많을 것이라 생각합니다.

직업은 크게 나누어서 세 종류입니다. 첫 번째는 대학교수입니다. 오사카예술대학에서 만화 및 애니메이션에 대해, 그리고 크리에이터가 되는 법, 평론을 쓰는 법에 대해 가르치고 있습니다.

두 번째는 책의 저자입니다. 지금까지 20권 이상의 책을 썼고 영어나 중국어로도 번역, 출판되었습니다. 한국에서는 『오타쿠학 입문』(ISBN89-88017-30-7)과 『인생 테스트』(ISBN89-87567-77-X)가 번역되었습니다.

세 번째는 '오타킹 ex'라는 회사의 사장입니다. 이 회사는 '사원이 사장에게 급료를 지불한다.'는 엄청나게 유니크한 회사입니다. ㄱ 목적은 '오카다 토시오의 글이나 활동을 무료로 전 세계에 공개하는 것'에 있습니다. 만약 여러분이 이 책을 읽고 흥미가 생겼다면, 그리고 인터넷을 사용해서 일본어를 읽을 수 있다면 부디 '오타킹 ex'에 놀러 오시기 바랍니다.

http://otaking-ex.jp

누구나 자유롭게 글을 쓸 수 있는 게시판도 있습니다. 이 책에 대한 감상을 비롯하여 서슴없는 정보교환을 해 주시기 바랍니다.

그럼 오카다 토시오의 차기작, 아니면 '오타킹 ex'에서 또 만나도록 하겠습니다.

2010년 7월 4일 도쿄 기치조지에서
오카다 토시오

들어가면서
_어째서 '세계 정복'인가?

"그런데 이 가고일이라는 비밀결사는 왜 세계 정복 같은 걸 하려고 합니까?"

안노 히데아키[1] 감독은 한숨을 쉬었습니다.

"이런 귀찮은 건 때려치우고 끝내주는 과학 기술 갖고서 자기들끼리 편하게 살면 될 텐데……."

NHK 애니메이션 '신비한 바다의 나디아[2]'의 제작이 한창 때에 접

---

1 안노 히데아키
1995년 '신세기 에반게리온'이라는 애니메이션을 만듦으로써 우리나라의 순진한 중고생들을 돌아올 수 없는 구렁텅이로 몰아넣은 사나이. 2010이 되어서 간신히 구렁텅이를 빠져나오나 싶었는데 15년 만에 갑자기 '에반게리온 신극장판'을 만들어서 구덩이 출구 근처까지 올라온 사람들에게 왕복 펀치를 날려 대고 있다. 물론 본인은 사람들을 구렁텅이에 빠뜨릴 의도가 없었다고 한다.

2 신비한 바다의 나디아
1990년 가이낙스가 제작한 TV 애니메이션. NHK가 가이낙스에게 쥘 베른의 『해저 2만리』와 『신비의 섬』을 원안으로 소년, 소녀들이 볼 만한 어린이 작품을 만들어 달라고 했으나 가이낙스는 원안과 2만 리는 떨어진 작품으로 만들어 버렸다. 그 전까지는 마니아 취향의 성인물을 만들던 가이낙스였기 때문에 화제가 되었으며 실제로도 NHK에서는 생각할 수 없던 서비스 신이 많이 들어가게 되었다. 국내에서는 1992년 MBC에서 시원하게 삭제된 뒤 방송되었다. 나디아의 성우를 맡은 박소현 씨의 딸은 아이돌 그룹 '카라'의 리더인 박규리로 어머니 나디아의 미모와 성격을 그대로 물려받았다. 날 신비한 바다로 보내 달라.

어들었을 무렵, 1991년 새해가 밝은 지도 얼마 안 됐을 때의 이야기(가고일은 기획 단계의 명칭이며 정식 공개 때에는 네오 아틀란티스로 변경)입니다.

매일같이 애니메이션을 제작하고 있으면 가끔씩 숨을 돌리고 싶어집니다. 스태프들의 낙서 중에는 정의에 불타는 주인공을 놀리려는 듯한 그림도 있지요. 푸념 같은 감독의 한마디에는 죽을 만큼 바쁜 애니메이션 제작 현장에서 잠깐이라도 도피하고 싶다는 기분이 드러나 있었습니다.

'신비한 바다의 나디아'에 등장하는 악의 비밀결사 가고일은 고도의 과학 기술로 인류 정복을 꾀합니다. 그것은 방송 기획 맨 처음부터 정해 놓았던 '약속'이나 다름없는 것이었습니다. 기획서에도 '가고일 : 인류 정복을 꾀하는 악의 비밀결사'라고 쓰여 있습니다. 하지만 만날 애니메이션만 만들고 있으면 가끔씩 뭐가 뭔지 모르게 될 때가 있습니다.

스스로 좋아해서 시작한 일인데 어째서 이렇게 힘든 걸까? 애니메이션을 만드는 일은 어릴 적부터 동경하던 것인데 어째서 이렇게 괴로운 걸까? 이 가고일이란 놈들도 우리하고 똑같은 거지요. 고도의 과학 기술로 손쉽게 세계 정복을 해치우려고 했는데 얼마 안 돼서 네모 함장[3]과 노틸러스호[4]가 방해를 한다 이 말입니다. 조직 말단부터 꼭대기까지 전부 가면을 쓴 채로 끝없이 회의만 하는 것도 그렇고요. 그러고 보면 기획서를 쓸 때에 이런 이야기가 오고 갔습니다.

"가고일이란 거, 어떤 적으로 만들 거야?"

---

3 네모 함장
'신비한 바다의 나디아'에 등장하는 노틸러스호의 함장. 『해저 2만 리』에 등장하는 인물 네모 함장에게서 따온 캐릭터이지만 세모 함장이라 불러도 될 정도로 연관이 없다.

4 노틸러스호
'신비한 바다의 나디아'에서 주인공 일행이 타고 다니는 잠수함.

"주인공 편인 노틸러스호가 잠수함이니까, 적도 역시 잠수함 함대로 주인공을 공격해야겠지."

"그렇군. 그럼 그 잠수함 함대로 세계 정복을 한다, 이거지?"

"엉? 어떻게 해서?"

"음, 그러니까 아무 죄도 없는 평범한 배를 습격하는 식으로?"

"그건 해적이지. 가고일의 목적은 세계 정복이라니까. 오카다 씨, 어떻게 하실래요? 생각 좀 내보세요."

"으음, 그러니까 말이지. '무역 항로 파괴' 같은 거면 괜찮지 않을까? 무역을 독점하는 거지."

"어? 좀 더 설명해 주세요."

"당시 인도에서 싸게 파는 후추를 유럽에 갖고 가면 그 희소성 때문에 크게 돈을 벌 수 있었어. 그렇기 때문에 국제 무역이 성립하는 거지. 이때 무역이란 건 항로잖아. 가고일 잠수함 부대는 그 무역선을 계속 가라앉히는 거지. 약탈이 목적이 아니라 세계가 무역 자체를 못 하게 만드는 거야."

"흠흠."

"과연."

"금이나 다이아몬드가 아무리 많이 난다고 해도 무역으로 다른 나라에 팔지 못하면 말짱 황이잖아. 가고일은 그 무역로를 독점해 버리는 거지. 그렇게 모든 자원의 유통을 장악한 가고일이 바로 세계의 지배자가 되는 거고!"

"와우, 뭔가 그럴듯한걸!"

"이걸로 가죠."

이렇게 해서 회의는 멋지게 종료되었습니다. 그리고 제가 방으로 돌아가려는 찰나, 스태프인 마에다 마히로5 씨가 저를 붙잡았습니다.

"오카다 씨, 가고일은 세계 무역을 파괴하려고 하는 거죠?"

"그렇지."

"하지만 무대가 되는 19세기 후반은 선진국이 후진국을 식민지화 하던 시대잖아요. 그리고 그 식민지화라는 건 후진국의 값싼 노동력이

---

5 마에다 마히로
애니메이터, 애니메이션 감독, 만화가. 음악성의 차이, 아니, 방향성의 차이로 1992년 가이낙스를 뛰쳐나와 애니메이션 스튜디오 곤조를 만든다. 이때의 곤조는 근성을 챙기라는 곤조가 아니다? 이탈리아어로 '바보'를 뜻하는 gonzo에서 따온 것이다.

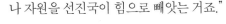

나 자원을 선진국이 힘으로 빼앗는 거죠."

"응, 중학교하고 고등학교에서도 배우지."

"그러니까 가고일이 통상 무역을 파괴한다는 건 선진국이 하려는 식민지화를 방해하는 '정의' 같은 게 아닐까요?"

"……아, 진짜네! 어떡하지?"

곤란에 빠진 저는 타개책을 열심히 생각했습니다.

스케줄은 방영 전부터 이미 늦어진 상태였습니다. 이런 일로 스태프들을 혼란에 빠뜨릴 수는 없었습니다.

"음, 하지만 그 '정의'라는 건 어디까지나 현대인인 우리가 봤을 때 그런 거잖아."

"네?"

"19세기 제국주의적 침략에 의한 식민지 지배와 20세기 두 번의 세계 전쟁, 그 후 민족의 독립운동이라는 역사를 알고 있는 우리에게 세계의 식민지화를 막는다는 건 '정의'롭게 들리겠지. 하지만 당시의 '정의'하고는 다른 거야."

"그건 그렇죠."

"게다가 가고일은 '세계의 식민지화'를 막기 위해 싸우고 있는 게 아니야. 가고일 이외의 모든 세계를 식민지로 만들려고 하는 거라고."

"아, 그렇군요. 그럼 나쁜 놈 맞죠. 딱 '악의 제국'이네요."

"그래그래, 이놈들은 '악의 제국'이야."

당시의 우리들은 이런 식으로 이해하고 넘어갔습니다.

그렇게 논란은 끝나고 '가고일 : 인류 정복을 꾀하는 악의 비밀 결사'란 내용이 쓰여 있는 기획서도 NHK에 무사히 제출할 수 있었습니다.

그러나 묘하게 안노 감독의 말이 마음에 걸렸습니다.

"가고일은 왜 세계 정복을 하려고 하는 걸까?"

"엄청난 과학 기술 가지고 자기들끼리 편하게 살면 될 텐데."

정말 그렇습니다. 어째서 악의 제국은 '세계 정복' 같은 걸 하고 싶어 하는 걸까요?

'세계 정복' 같은 나쁜 짓을 꾸미기 때문에 '악의 제국'인 걸까요?

궁극의 악 = 세계 정복인 것일까요?

내 머릿속은 복잡해졌습니다.

'세계 정복은 정말로 가능한 것일까?'

'악의 제국의 수단과 목적은 무엇일까?'

'세계 정복은 정말 나쁜 일일까? 아니, 그 이전에 '악'이란 무엇일까?'

그날로부터 15년이 지난 지금도 저는 가끔씩 이런 생각에 빠질 때가 있는 것입니다.

조금 부끄럽지만 큰 맘 먹고 고백합니다.

어렸을 저 제 꿈은 '세계 정복'이었습니다.

전 세계 사람들이 "충성!"을 외치며 내 앞에 넙죽 엎드립니다.

눈에 보이는 모든 백성들이 매일 아침 "오카다님, 만세!"라고 외칩니다.

하늘 높이 치솟은 탑의 발코니, 그곳에서 아침 해를 등지고 인민들을 내려다보며 유유자적하게 손을 흔들면 얼마나 기분이 좋겠습니까.

예? 현실성이 전혀 없다고요?

하지만 이 꿈, 어린이들 사이에서는 상당히 인기 순위가 높은 꿈이었습니다.

물론 '야구 선수 되고 싶어!'나 '우주여행 하고 싶어!'만큼 인기가 높지는 않았지만, 그래도 소학교 졸업 문집에 '내 장래 희망은 세계 정복!'이라고 쓴 장난꾸러기들이 반에 한두 명씩은 있었던 것 같습니다.

여러분도 잘 생각해 보십시오.

어린 시절, 한 번 정도 '세계 정복'을 동경했던 적이 없으십니까?

진짜로 세계 정복을 노렸던 칭기즈칸이나 오다 노부나가 같은 사람들을 역사 시간에 배우기 훨씬 전, 좀 더 어렸을 때의 일입니다. 학교에서 배우는 역사 같은 것이 아니라 어린이와 무척 가까운 세계인 텔레비전이나 만화를 열심히 보고 있었을 시절입니다. 애니메이션이나 특촬 방송6은 먼저 악의 비밀 조직이 나쁜 짓을 하면서부터 이야기가 시작됩니다.

---

6 특촬 방송
특수 촬영 기술이 많이 사용된 영상 작품을 가리킨다. 즉, '특'수 '촬'영의 약자이다. '고질라' 시리즈나 '울트라맨' 시리즈, '가면 라이더' 시리즈가 대표적이다. 일본에서 특촬물의 남자 주인공을 특히 좋아하는 사람은 10대 어린이 친구들 말고도 어머니 여러분이 계신다는 건 공공연한 비밀.

'악의 제국'에는 보기에도 무서운 악의 간부가 있습니다. 그는 수많은 전투원들을 손발처럼 다루며 매 방송마다 새로운 로봇이나 메카닉, 아니면 괴수를 내보내서 거리를 파괴하거나 나쁜 짓을 합니다. 그러면 정의의 히어로가 멋지게 나타나서 그 야망을 깨부숴 버립니다.

패배한 악의 간부는 "부, 분하다!"면서 발을 구르거나, 악의 수령에게 혼나거나, "다음에는 반드시!" 하는 식으로 새롭게 결심을 다지게 됩니다.

악의 조직의 목적은 틀림없이 그렇다고 해도 될 정도로 '세계 정복'이었습니다. 목적이라기보다는 슬로건에 더 가깝다고 할 수 있겠습니다.

어렸을 적에는 그런 '악의 제국'이 정말 좋았습니다.

물론 기본적으로는 악을 멋지게 해치우는 히어로를 동경할 수 있도록 방송이 만들어집니다. 하지만 텔레비전을 매주 꼬박꼬박 보고 있으면 처음에는 멋있었던 히어로도 패턴이 한 가지밖에 없다는 것이 드러나고 맙니다. 적이 나타나면 출동하고 해치운다. 그들이 하는 일은 그것뿐입니다.

반면 악의 조직은 엄청나게 바쁩니다. 여러 가지 연구를 해야만 합니다.

예를 들면 '가면 라이더7'라는 특촬 방송이 그렇습니다.

적의 조직 쇼커는 '세계 정복을 꾀하는 악의 비밀결사'입니다. 방

---

7 가면 라이더
일본의 만화가 이시노모리 쇼타로의 원작을 바탕으로 만들어진 특촬 방송. 1971년에 첫 시리즈가 만들어졌으며 오늘날에도 새로운 시리즈가 제작되고 있다. 여기서 가리키는 '가면 라이더'는 1971년판을 말한다. 배우 부상과 같은 난관에도 불구하고 최고 시청률 35.1%를 기록한, 사회현상을 가져온 인기 작품이었다.

송 맨 처음에 나오는 내레이션에서도 딱 부러지게 악의 결사라고 말합니다. 쇼커는 매주 여러 가지 개조 인간을 내보냅니다. 저마다 디자인도 다르고 특기 기술도 다릅니다.

비밀 조직 쇼커[8]는 매회 방송마다 개조 인간을 만들고, 악의 계획을 세우고, 경찰과 가면 라이더에게 들키지 않도록 몰래 나쁜 일을 진행합니다. 그래서 그 나쁜 일이 잘 풀려서 희생자가 나오면 라이더가 등장하여 개조 인간을 해치워 버립니다.

사마귀 남자 (제5화)
주어진 사명은 지진으로 일본을 괴멸시키는 것.
핵폭탄 '사마귀 알'을 개발, 이것을 지하에서 폭발시켰을 때의 진동을 이용해 일본에 대지진을 일으키려 했다.

지옥 선더 (제26화)
주어진 사명은 대도시의 주요 간선도로에 개미지옥을 만들어서 교통마비로 일본을 혼란시키는 것.
하늘에서 모래를 뿌려 방방곡곡의 간선도로에 개미지옥을 만들었다.

카부토롱 (제65화)
주어진 사명은 어린이들을 쇼커 스쿨에서 세뇌하여 쇼커의 멤버로 만드는 것.
'가면 라이더와 함께 투구벌레를 잡자!'라는 가짜 투어로 어린이들을 속여서 유괴한 다음, 스쿨에서 악한 짓을 가르치려 했다.

악의 조직 쇼커의 개조 인간과 그 작전 –'가면 라이더'에서

---

8 쇼커
'가면 라이더' 전반부에 등장하는 악의 비밀 조직. 지력과 체력이 뛰어난 인간을 개조, 세뇌한 괴인들을 중심으로 구성되어 있다.

그 당시 방송을 열심히 보고 있던 아이들의 관심은 '다음 주에는 어떤 괴인이 나와서 어떻게 라이더를 괴롭힐까?' 하는 부분으로 조금씩 옮겨 갔습니다.

물론 가면 라이더는 정의의 우리 편으로 매 방송마다 승리하기 때문에 모두가 좋아했지만, 어디까지나 '이야기를 진행하는' 것은 쇼커의 계획과 개조 인간이었으니까요.

애니메이션의 세계에서도 마찬가지입니다.

예전에 'BS 애니메이션 야화9'라는 토크 방송 때문에 '얏타맨10'을 100편도 넘게 이어서 보는 흔치 않은 경험을 한 적이 있습니다. 솔직히 이걸 한 번에 몰아 보는 것은 상당히 힘든 일이었습니다.

그러나 발견도 있었습니다. 전부 합치면 100화가 넘어가는 '얏타맨'은 이야기가 완전히 악역 주도로 구성되어 있다는 것을 확인할 수 있었습니다.

만화가 시작되면 악의 3인조 도론보 이치미11는 나쁜 짓을 꾸밉니다. 이런저런 사기 계획으로 돈을 벌어들이려는 꿍꿍이입니다. 잠시 후

---

9 BS 애니메이션 야화
애니메이션에 박식한 인물을 초청하여 한 가지 애니메이션 작품에 대해 다양한 관점에서 이야기하는 방송. 여기서 BS는 KBS, SBS의 BS, 즉 Broadcasting System의 약자이다.

10 얏타맨
1977년부터 1979년까지 방송된 '타임보칸' 시리즈의 2기 작품. 국내 제목은 '이겨라 승리호'로 1978년 동양방송에서 방영한 후 SBS에서 다시 방영되었지만 조기 종영되었다. 리메이크판이 '이겨라 얏타맨' 이란 이름으로 2009년 7월 재능TV를 통해 방영되었다. 인기 남성 아이돌 그룹 '아라시'의 사쿠라이 쇼가 주연을 맡은 실사 영화도 존재한다.

11 도론보 이치미
'얏타맨'에 등장하는 악역 3인조의 팀 이름. 미녀 한 명, 뚱보 한 명, 홀쭉이 한 명으로 구성된 전형적인 악당 그룹.

간과 아이라는 정의의 2인조가 나타나 "뭔가 나쁜 일을 꾸미고 있구나. 앗, 저기에 뒷무이!" 같은 말을 하면서 쫓아갑니다.

나쁜 짓의 현장을 발견하면 "더는 용서 못 한다. 좋아, 얏타맨 출동이다!"라면서 전투가 벌어지고 결국 3인조가 패배하면서 방송은 끝. 그리고 그다음 주에도 다시 다른 곳에서 3인조의 나쁜 짓을 발견하고 쫓아가서 싸움이 펼쳐지고 또다시 3인조가 패배……. 똑같은 패턴이 계속됩니다.

완전히 악역이 주도합니다. 악역이 매회 계획을 세워서 이야기를 이끌어 가는 것에 반해 정의의 우리 편이 하는 일은 그에 맞추어 반응하는 것뿐입니다. 만담이라고 한다면 보케와 츳코미[12]겠네요. 물론 악역 쪽이 보케로, 정의 쪽이 "그만 좀 하지!"라든가 "어이, 너 정신 나갔냐!" 같은 식으로 악역과 싸우는 것에 지나지 않는다고 할 수 있습니다.

어렸을 때에 그런 패턴을 계속 보다 보니 조금씩 질리게 되었습니다. '악의 제국, 뭐 하는 거야? 왜 도통 이기질 못하는 거야!'

어린 마음으로도 그렇게 생각하는 것입니다.

'쇼커는 모든 괴인을 한꺼번에 내보내서 일본, 미국, 중국, 아프리카, 유럽, 남미, 오스트레일리아 등 전 세계에서 동시에 난리를 치면 되잖아. 라이더는 혼자니까 분명히 성공할 거야.'

'분리 합체 괴수 같은 설정이라면 왜 꼭 쓰러지기 직전에 합체를 하는 거야? 처음부터 가장 강한 상태로 싸우라고.' 하는 식이었죠.

---

12 보케와 츳코미
분위기 못 타고 엉뚱한 말을 하면 딴죽을 거는 대화 형식의 일본 개그. 일본에서는 정형화된 개그 스타일이다. 우리나라의 태클 문화와 방향성은 비슷하지만 느낌은 조금 다르다. 보케가 헛소리를 하는 역할, 츳코미가 딴죽을 거는 역할이다.

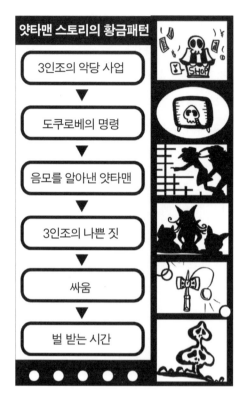

얏타맨 스토리의 황금패턴

3인조의 악당 사업
▼
도쿠로베의 명령
▼
음모를 알아낸 얏타맨
▼
3인조의 나쁜 짓
▼
싸움
▼
벌 받는 시간

그런 답답한 마음이 가득 차게 되면 '그런 짓을 하고 있으니까 안 되지. 나한테 시켜 줘 봐!'라는 마음이 커지게 됩니다. 그 마음이 바로 '장래의 꿈은 세계 정복!'의 원동력이 되는 것입니다.

그런 점에 있어서 정의의 우리 편은 절대로 빈틈이 없습니다. 방송할 때마다 이겨 버리니까요. 태클을 걸 수가 없습니다.

'나한테 시켜 줘 봐!'라는 기분이 들지 않는 것이지요.

'이런 생각을 하는 건 내가 성격이 뒤틀려서 그런 걸까?' 하고 생각했었는데 꼭 그런 것만도 아닌 것 같습니다. 오사카예술대학에서 학생들에게 물어보았더니 졸업 문집에 '꿈은 세계 정복'이라고 썼다는 사람이 몇십 명이나 있었습니다.

세계 정복에 대한 사랑은 남녀 불문, 세대 불문인 모양입니다.

머리말이 정말 길어졌습니다.

이 책은 어린이들뿐만이 아니라 '어른을 위한 세계 정복'에 대한 책입니다. 어른이 된 지금, 다시 한 번 '세계 정복이란 무엇인가?', '악이란 무엇인가?'에 대해 진지하게 생각해 봅시다, 라고 제안하는 내용입니다.

그렇지만 한때 유행했던 퍼즐 책처럼 추억담이나 가십거리로 내용을 채우지는 않을 것입니다.

마음 깊은 곳에서는 히어로를 응원하고 있지만, 그럼에도 마음 한 구석에서는 남 몰래 '히어로가 져서 세계가 정복당하는 장면도 보고 싶다.'고 생각한 적은 없습니까?

격차 사회라고 불리는 오늘, 희망조차 쉽게 가질 수 없게 된 현실의 사회. '차라리 한 번 전부 박살내 버리고 처음부터 다시 시작하면 좋을 텐데.' 이렇게 생각했던 적은 없습니까?

그래서 이 책에서는 '현실에서 세계 정복을 하게 되면 어떻게 될 것인가?'를 구체적으로 시뮬레이션해 보았습니다. 대체 '세계 정복'이란 무엇인가, 정말로 '세계 정복'은 가능한 것인가, 자신이 정복하는 입장이 되어서 한 번 진지하게 생각해 보는 책입니다.

우선 자신이 어떤 타입의 '정복자'인지를 생각해 봅니다.

그다음에는 어떻게 동료들을 모을 것인가와 '악의 제국'을 만드는 방법, 그리고 어떻게 활동을 시작할 것인가를 알아봅니다.

마지막으로 고생 끝에 세계 정복을 성취하게 되면 후계자 문제에 대해서도 생각해야겠지요.

할 수 있는 만큼 구체적인 예시를 통해 '정복하면 어떤 미래가 당신을 기다릴 것인가?'까지 알아볼 수 있도록 구성하였습니다.

자, 그럼 시작하도록 하겠습니다.

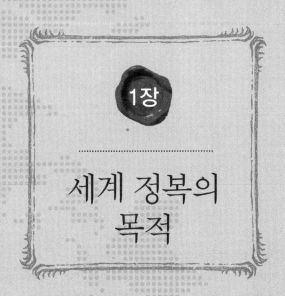

1장

세계 정복의
목적

그럼 맨 먼저 '세계 정복의 목적'에 대해 생각해 보도록 합시다.

물론 '세계를 정복하는 것이 목적'이라도 상관없습니다만, 그럴 경우에는 만약 정복에 성공했을 때 곤란한 처지에 놓이게 될 것입니다. 이른바 '탈진증후군[13]'이라고 할까요. 모처럼 지망하던 학교나 원하던 곳에 취직이 되어도 그 후 5월병[14] 같은 것 때문에 의욕이 바닥까지 떨어져서 결국 학교나 회사를 그만두는 사람들이 의외로 많지요.

만화나 특촬의 세계에서도 그처럼 '정복한 다음의 비전'이 느껴지지 않는 작품을 많이 볼 수 있습니다.

---

13 탈진증후군
죽을 만큼 고생해서 한정판을 구했는데 막상 구해 놓고 나니 힘이 쭉 빠지고 욕구불만을 느껴서 뜯어보지도 않고 아무 데나 던져 둔 상태.

14 5월병
일본은 4월에 신학기, 신입사원 입사가 이루어지며 5월 초에는 일주일 정도의 연휴가 있다. 따라서 일본에서 지내다 보면 4월에 급격한 환경 변화를 겪다가 5월 초에 긴 연휴를 지낸 뒤 복귀하면 다시 적응하지 못하고 스트레스가 폭발하기 쉽다. 즉, 신입생과 신입사원들이 5월에 단체로 미쳐 버리는 스트레스성 질환을 가리킨다.

1.
'가면 라이더'와 '북두의 권'의 경우

아저씨 세대에게 '세계 정복을 꾀하는 악의 조직'이라고 한다면 '가면 라이더'의 쇼커 정도가 전형적인 모델일 겁니다.

'가면 라이더, 혼고 타케시는 개조 인간이다. 그를 개조한 쇼커는 세계 정복을 꾀하는 악의 비밀결사이다. 가면 라이더는 인간의 자유를 위해 쇼커와 싸우는 것이다!'

방송의 오프닝에서는 매회 이 내레이션이 흘러나옵니다. 그렇기 때문에 '가면 라이더'를 봤던 사람이라면 누구나 '쇼커 = 세계 정복을 꾀하는 악의 비밀결사'라고 머릿속에 선명하게 새겨져 있을 것입니다.

그럼 그 '세계 정복을 꾀하는 악의 비밀결사 쇼커'가 생각하는 '세계 정복'이라는 것은 어떤 이미지일까요? 제1화에서 소개된 음모를 제 나름대로 정리해 보았습니다.

① 먼저 개조 인간을 열심히 찍어 낸다.

② 만든 개조 인간으로 전 세계를 습격한다.

③ 전 세계의 대통령이나 중요한 인물을 개조 인간으로 바꿔치기한다.

"그렇게 하면 세계는 우리 쇼커 마음대로다. 와하하하하!"인 것입니다. 하지만 그 후에 어떻게 되는지는 말해 주지 않습니다. 쇼커는 세계의 중요 인물을 바꿔치기한 다음에 무엇을 하고 싶은 것일까요?

미국 대통령을 바꿔치기하면 미국을 자기 마음대로 할 수 있다. 거기까지는 알겠습니다. 그런데 그렇다면 개조 인간을 만드는 기술로 돈을 벌어서 미국의 상원 의원을 매수하는 편이 손쉽고 빠르지 않을까요? 결국 쇼커가 진짜 하고 싶은 것이 무엇인지는 전혀 알 수가 없습니다.

정복 후의 비전이 느껴지지 않는다는 부분을 가지고 점수를 매긴다면 대부분의 만화나 애니메이션은 불합격입니다.

최근에는 파치슬롯[15]으로 등장하여 다시 큰 인기를 얻고 있는 '북두의 권[16]'. 아직까지 열광적인 팬들이 많은 명작 만화입니다. 이 '북두의

---

15 파치슬롯

구슬을 구멍에 넣으면 슬롯이 돌아가면서 대박을 터뜨릴 기회를 주는 도박 기계. 겉보기에는 유저가 뭔가 할 수 있을 것 같지만 실제로는 할 수 있는 것이 별로 없으며 천 엔 정도의 돈은 몇 분 만에 눈 녹듯 사라진다. 바다이야기의 원조라고 할 수 있다. 일본에서는 현금 교환만 하지 않으면 이런 도박 기계의 영업이 합법이다. 물론 편법으로 현금 교환이 가능하다.

16 북두의 권

우리나라에서는 해적판 제목인 '북두신권'으로 더 친숙한 만화. 1991년도 해적판은 무려 '동경대 선정 우수 도서'라는 강렬한 캐치프레이즈를 남겼다. 1983년부터 1988년 사이에 소년점프에서 연재되었다. 스토리는 부론손, 작화는 하라 테츠오가 담당. 전설의 암살권인 북두신권을 쓰는 주인공 켄시로가 핵전쟁 후의 세계를 살아가는 모습을 그리고 있다. "너는 이미 죽어 있다."라는 시대의 명대사로 유명하다.

권'에도 세계 정복을 꾀하는 인물이 등장합니다. 바로 만화 후반에 등장하는 남두성권의 성제, 사우저17입니다. 그는 확실히 전형적인 '악의 세계 정복 캐릭터'라고 많이들 이야기합니다.

작품 전반에 등장하는 라오우18라는 캐릭터도 악역입니다. 그러나 만화를 열심히 읽어 보면 세계 정복에는 관심이 없다는 것을 알 수 있습니다. 그는 그저 싸움을 사랑하는 강력한 남자입니다.

어딘가에 강한 놈이 있다는 이야기를 들으면 찾아가서 싸움을 하고 돌아옵니다. 학원 액션 만화의 주인공처럼 근육밖에 모르는 바보지만 좋은 녀석입니다.

여담이지만 학원 액션 만화에 나오는 소위 짱들도 "수도권을 정복한다!" 같은 소리를 자주 합니다. 이것도 수도권을 정복해서 뭔가 하고 싶은 게 있느냐? 딱히 그렇지도 않습니다. 수도권 사람들을 자기 지배 하에 두려고 하는 것도 아닙니다. 기껏해야 수도권에 있는 고등학교에서 공포의 대상이 되는 것이 목적입니다. '수도권 정복'이라는 것은 어디까지나 수도권의 불량배 사이에서 가장 싸움을 잘한다는 정도의 의미인 것입니다.

'북두의 권'에 나오는 라오우도 그와 비슷합니다. 본인은 '세기말 패자'같이 멋있는 이름을 내세우고 있지만 "아, 라오우님은 정말 강하죠. 최고로 셉니다." 정도를 목표로 삼고 있는 것입니다.

---

17 사우저
'북두의 권'에 등장하는 남두육성권이란 권법을 사용하는 남자. 자기 자신이 최강이라는 의미에서 신성한 황제, 즉 성제라고 자신을 칭하고 있다. 이 책만 본다면 변명할 여지없는 로리콘, 쇼타콘이지만 사실은 슬픈 과거가 있는 캐릭터.

18 라오우
'북두의 권' 1부에 등장하는 마지막 왕. 악역임에도 강렬한 카리스마로 팬이 많았다. 2007년 '북두의 권 극장판'을 공개하기 전에 이벤트로 그를 위한 위령제를 열기도 했다.

그에 비해 후반에 나오는 남두성권의 성제 사우저에게서는 '정복'과 '악의 제국'의 기세를 좀 더 잘 느낄 수 있습니다. 거대한 피라미드를 만들기 위해 자신이 지배하는 백성들에게 강제로 일을 시키고 있기 때문입니다. 그것도 어째서인지 어린이들에게 만들게 합니다.

야망과 권력의 집대성인 성제십자릉이라는 거대한 피라미드를 민중에게 억지로 시켜서 만든다. 이것만으로도 이미 충분히 '악의 제왕'입니다. 그런데 거기에서 끝이 아닙니다. 그는 심지어 어린이들까지 동원합니다.

왜 일을 잘할 수 없는 나이인 어린아이들에게 일을 시키는 것일까요? 그것은 그도 나름대로의 신념이 있기 때문일 터입니다. 실은 아이들을 좋아하기 때문인지도 모릅니다. 아니면 아이들을 괴롭히는 것이 좋기 때문인지도 모를 일이지요. 점쟁이에게 "티 없는 아이들에게 무덤을 만들게 하면 천국에 갈 수 있다."는 이야기를 들은 것인지도 모릅니다.

이유가 무엇인지는 잠시 제쳐 두고라도 이런 일을 벌이는 캐릭터는 '악'한 느낌이 듭니다. 그야말로 '악의 제국'의 냄새가 물씬 풍깁니다.

아이들을 쓰지 않고 어른을 동원해서 효과적으로 피라미드를 만든다면 '악'의 이미지는 줄어들지만 거꾸로 '정복'은 순조롭게 진행될 것 같습니다.

어른을 쓰는 편이 야망의 실현에 훨씬 더 도움이 될 것 같은데 사우저는 군이 '아이들을 괴롭혀서 피라미드를 만드는 쪽'을 선택합니다. 시간도 더 걸리고 똑같은 무게의 돌을 옮길 때도 사람 수가 더 많이 필요합니다. 그렇다면 로프나 도구도 그만큼 많이 필요해질 것이고 잠잘 곳

같은 생활 시설을 마련하는 것도 더 힘들어질 것 같은데요.

그런데도 사우저는 어째서인지 '아이들을 시킨다는 것'에 집착합니다.

대체 사우저도 쇼커도 정말로 '세계 정복을 하고 싶다.'고 생각하고 있는 것일까요? 눈앞의 쾌락에 정신없이 휘둘린 나머지 자신의 야망을 잊어버린 것은 아닌지, 언제 한 번 단단히 한 말씀 해 드리고 싶을 정도입니다.

2.
'세계 정복'의 네 가지 목적

이런 혼란이 일어나는 것은 '세계 정복을 꾀하는 조직'이 세계를 정복한 뒤에 무엇을 하고 싶은 것인지가 확실하지 않기 때문입니다.

악의 수령이나 조직에게 필요한 것은 그 어떤 것보다도 '비전'입니다. 그렇기 때문에 제 나름대로 '세계 정복의 목적'을 분류해 보았습니다.

애니메이션이나 만화, 특촬에서 나오는 악의 제국의 목적은 대체적으로 다음과 같이 네 종류로 나눌 수 있습니다.

첫 번째 _ 인류 절멸

이것은 그야말로 '악의 제국'입니다. 우리 모두 너 나 할 것 없이 죽게 되는 것이니까요. 인류가 없어진 지구를 널찍하게 쓰면서 사는 것이 그들의 목적입니다.

이 정도로 과격한 주장을 하는 악의 조직은 의외로 그 수가 적습니다.

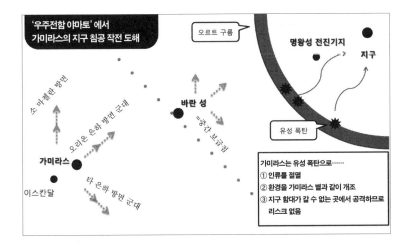

그중 대표적인 예로는 '우주전함 야마토[19]'에 등장하는 가미라스인[20]이 있습니다.

방사능을 다량으로 함유한 운석으로 유성 폭탄을 제조, 지구에 지속적으로 떨어뜨려서 지구를 방사능으로 오염시킴과 동시에 지구에 사는 생물을 전멸시키는 것. 이것이 가미라스인의 지구 침략 작전입니다.

가미라스인은 방사능이 포함된 대기에서만 숨을 쉴 수 있기 때문

---

19 우주전함 야마토

항상 제3함교만 박살나는 이상한 만화. 그러나 오타쿠나 애니메이션 팬이라는 단어도 없었던 1970년대에 최초의 애니메이션 붐을 일으킨 역사적인 작품이다. 우익다워 보이는 제목과 달리 초기 시리즈는 '무정부주의 밀리터리 SF물'이었기 때문에 당시 막 생겨나던 마니아 계층을 한군데로 규합하여 사회현상을 일으켰다. 택시 기사까지도 야마토에 대해 논할 정도라고. 단, 처음부터 인기를 끈 것은 아니었으며 입소문을 탄 뒤 재방송 때 인기 폭발하였다. 이에 대한 대항마로 만들어진 것이 '기동전사 건담'이다.

20 가미라스인

'우주전함 야마토'에 등장하는 행성인 가미라스 별에 사는 종족. 가미라스인은 일을 안 하고도 살 수 있을 정도의 높은 과학 기술력을 가진 것으로 묘사된다. 난 왜 지구에서 태어났을까? 가미라스인이 되고 싶다.

에 이 작전을 통해 '공격'과 '환경의 최적화'라는 일석이조를 달성할 수 있습니다. 그들은 가미라스 별의 수명 자체가 마지막을 향해 가고 있었기 때문에 가미라스인 모두가 이주할 수 있는 별을 찾고 있었습니다. '지구 인류의 절멸'이라는 것은 그들에게도 양보할 수 없는 조건인 것입니다. 즉, 이사하기 전에 연막탄을 피워서 바퀴벌레나 해충을 전부 없앤다는 느낌과 똑같은 것입니다.

지금까지 '인류 절멸'을 슬로건으로 내세우던 다른 악의 조직과 비교할 수 없을 정도로 논리적이고 지적인 침략 작전입니다. 공격에 사용하는 유성 폭탄의 제조, 발사 기지는 지구에서 한참 떨어진 명왕성에 있기 때문에 지구의 공격도 닿지 않습니다. 결국 가미라스는 전사자 한 명도 없이 지구인을 전멸 직전까지 몰아넣었습니다.

고대 중국의 군사, 손자는 자신의 병법에서 말하길 '싸우기 전에 이기는 것이 상책'이라고 했습니다. 가미라스의 지구 침략 작전은 그런 의미에서 거의 만점의 완성도입니다.

그러나 이만큼 잘 만들어진 악역은 아무리 열심히 찾아봐도 흔하지 않습니다. 자주 있는 타입은 '용자 라이딘[21]'이라는 애니메이션에 등장하는 요마 제국[22]입니다. 제1화에서 목적이 '인류 절멸'이라고 확실하게 잘라 말합니다.

목표는 '인류 절멸'입니다. 그러나 그에 앞서 라이딘을 저승으로 보내

---

21 용자 라이딘
1975년부터 1976년 사이에 방영된 TV 애니메이션. '마징가 Z'가 잘나가니까 비슷한 것 하나 만들어 보자는 의도로 시작된 작품. 건담의 아버지인 토미노 요시유키 감독이 처음 손을 댄 로봇 애니메이션이기도 하다. 하지만 여러 가지 사정이 겹치면서 감독은 중간에 교체된다.

22 요마 제국
'용자 라이딘'에 등장하는 악의 제국. 작품 내에서 이들은 1만2천 년 전에 무 대륙을 멸망시킨 악마 군단이며, 거대 로봇 라이딘은 무 제국이 그에 대항하기 위해 남긴 유산이다.

기 위한 작전을 최우선으로 선택하기 때문에 화석수[23]나 거열수[24]라는 괴수를 매주 한 대씩 찔끔찔끔 내보내는 전법으로 라이딘에게 도전합니다.

정말 그런 페이스로 인류 절멸을 해낼 수 있을지 걱정이 됩니다.

'차라리 독가스라도 뿌리는 쪽이 더 낫잖아. 너희들이야 물속인지 땅속인지, 어딘지도 모르는 곳에서 살고 있으니까 페스트균, 아니면 다른 거라도 뿌려 봐. 인류 멸망이랑 라이딘한테 이기고 지는 건 아무런 상관도 없는데.' 하고 안달이 나게 됩니다.

하지만 나름대로 프라이드가 있는 것인지 그런 빈틈없는 방법은 쓰지 않습니다. 아무래도 그들의 과학 기술은 한쪽으로만 치우쳐 있어서 거대 로봇은 만들 수 있지만 독가스는 만들 수 없는 모양입니다.

이 타입의 역사적 인물 중에 유명한 이가 칭기즈칸과 그 일족입니다. 그들은 유목민이기 때문에 양에게 먹일 풀을 찾아 이동합니다. 언제나 풀이 자랄 땅이 필요하기 때문에 유럽 쪽을 점점 침공하여 토지를 빼앗아 갑니다. 이때, 다른 민족이 살고 있는 장소에서는 토지를 둘러싼 분쟁을 피할 수 없습니다.

토지를 둘러싸고 일어난 분쟁은 깨끗하게 끝나기가 어렵습니다. 칭기즈칸은 전쟁을 간단하게 만들기 위해 '저항한 부족과 도시는 전부 죽여 버리는 전략'을 취했습니다. 시간이 많이 걸리긴 하지만 반항적인 이민족을 전부 죽여 버리면 그 장소에 양이나 여자만을 남겨 두어도 안

---

23 화석수
요마 제국이 지상 침략을 위해 만든 괴수. 암석에 힘을 불어넣어서 만들거나 되살렸기 때문에 화석수이다.

24 거열수
요마 제국에 소속된 형제가 만들어 낸 괴수. 화석수보다 강하다. 강하긴 한데 형제가 라이벌 의식을 가지고 있었기 때문에 각각 따로 거열수를 한 대씩 만들었다. 그리고 만들어진 두 거열수를 싸움 붙여서 이긴 쪽을 내보냈다. 이것이야말로 회사 정치 싸움의 진수.

심할 수 있습니다.

　시체에서 귀만 떼어 내서 산을 만드는 등 엄청나게 잔혹한 짓을 많이 했던 모양입니다. 그러나 이런 소문 덕분에 유럽에 쳐들어갈 때에도 싸우지 않고 항복하는 부족이 줄을 이었고, 결국에는 효율적으로 영토를 넓힐 수 있었던 것입니다.

　당시의 감각으로 보자면 이민족이라는 것은 같은 인간이 아니었습니다. 그러니 이것도 '인류 절멸'의 다른 버전이라고 말할 수 있겠지요.

　여기서 보시다시피 '인류 절멸'을 원하는 타입은 상당히 과격한 정복자입니다. 때문에 애니메이션이나 만화에서도 인류 절멸을 노리는 악역은 별로 등장하지 않습니다. 그것보다 압도적으로 인기가 많은 목적이 이것입니다.

두 번째 _ 돈이 가지고 싶어

아이 제국의 '세계 정복의 목적' 그 두 번째는 '돈이 가지고 싶어' 입니다. 엄청난 부자가 되고 싶은 겁니다. 금은보화를 가지고 싶어. 전 세계의 부를 나 혼자 다 가지고 싶어. 이것이 세계 정복의 목적입니다. 우리 일반인들도 공감하기 쉽다는 이유 때문이겠지만 애니메이션이나 만화에 등장하는 '악'의 목적 중에서는 이것이 압도적인 비율을 자랑합니다.

유명한 예로 '타임보칸' 시리즈[25]의 악역, 시리즈 2탄인 '얏타맨'에 나오는 도쿠로베[26]를 들어 보겠습니다.

도쿠로베가 원하는 것은 도쿠로 스톤[27]을 모아 감춰진 재보를 찾아내는 것입니다. 이 목적에는 전혀 문제가 없습니다. 도쿠가와 매장금[28]

---

25 타임보칸 시리즈
1970년대 중반 이후로 타츠노코 프로덕션에서 제작한 TV 시리즈. 시간 여행을 소재로 삼고 있으며 총 일곱 개의 시리즈가 1983년까지 연이어 방영되었다. 그 이후로도 실사 영화, 리메이크 등 2008년까지 다양한 시리즈가 전개되었다.

26 도쿠로베
도론보 이치미의 상사. 만화에서는 실패하고 돌아오면 '엄마보다 무서운 때찌'를 해 주는 것으로 유명하여 취향을 의심받고 있다. 도망치는 와중이라도, 물속이나 불속이라도 때찌는 반드시 한다.

27 도쿠로 스톤
네 개로 쪼개진 도쿠로 스톤에는 엄청난 양의 금괴가 어디에 있는지 그 위치가 기록되어 있다고 한다. 우리도 이것만 찾으면 부모님 효도도 더 이상 꿈이 아니다.

28 도쿠가와 매장금
전국시대를 평정한 도쿠가와 가문은 막부라는 시스템을 만들어서 오랜 세월 동안 일본을 지배했다. 그러던 막부 정권이 무너졌을 때, 차기 권력은 도쿠가와성에 몰수할 자금이 있을 것으로 생각했으나 이렇다 할 자금원을 발견하지 못했다. 이것을 다른 곳에 숨겨 놓지 않았겠냐는 추측에서 비롯된 것이 도쿠가와 매장금 소문이다. 많은 사람들이 탐색에 도전하였으나 물론 실제로 탐색 성과를 얻은 경우는 없다.

을 찾아다니는 이토이 시게사토[29]와 마찬가지입니다.

도쿠로베가 다른 점은 그 방법이 비합법적이라든가, 도덕적이지 못하다든가, 잔혹하다든가 하는 것 정도입니다. 법률과 인권을 짓밟는다는 부분만이 나쁜 것입니다. '인류 절멸'에 비하면 귀여울 정도입니다.

돈이 필요하거나 재보를 갖고 싶어 하는 인간이라면 돈을 번 다음 그 돈을 써서 무언가를 사려고 할 것입니다. 물건을 사려고 하니까 돈이 필요한 것입니다. 그런 사람은 인류가 멸망하면 큰일 납니다. 자기에게 물건을 팔아 줄 상대가 없어져 버리기 때문입니다.

누군가가 물건을 사기 위해서는 다른 누군가가 그 물건을 만들어야만 합니다. 화려한 성이든, 세계의 진미든, 보석 장식이 가득한 옷이든 그것을 누군가 만들어 주지 않으면 돈으로 살 수 없습니다. 즉, 인류 멸망은 당치도 않은 일입니다.

자신이 세계를 지배한 후에도 지금의 경제 레벨, 문화 레벨을 인류가 유지하지 못하면 모처럼 손에 넣은 돈에는 아무런 가치가 없게 됩니다. 의외로 보수적인 '악의 제국'이라고 할 수 있겠군요.

정말로 '전 세계는 나의 것이다.'라고 생각한다면 돈을 지불할 필요는 없을 것입니다. "전부 다 내 거다. 이거 내놔라, 저거 내놔라." 하고 빼앗아 버리면 되기 때문입니다. 말을 듣지 않는다면 죽이고 가지면 그만입니다.

'돈이 가지고 싶어' 타입의 악역은 많이 있습니다. 예를 들면 스파

---

29 이토이 시게사토
일본의 카피라이터, 에세이스트, 탤런트, 작사가. 고유의 인상이 깊게 남는 작품을 만드는 것으로 유명. 광범위한 활동 영역을 가지고 있어서 정말 뜬금없는 곳에서 이 사람의 이름이 나와도 동명이인이 아닌 본인인 경우가 많다. '거의 일간 이토이신문'이라는 사이트를 운영하고 있으며 이곳에서 도쿠가와 매장금 탐색에 대한 취재를 하기도 했다.

이 영화 '007' 시리즈에 등장하는 악의 비밀 조직 스펙터는 공갈과 유괴, 은행 강도 등으로 돈을 법니다.

나중에 소개하겠지만 이 스펙터의 간부 회의는 말 그대로 '악의 매상 보고 회의'이기 때문에 보고 있으면 살짝 웃음이 나오게 됩니다.

세 번째 _ 지배당할 것 같으니 역으로 지배하기

다음은 리얼한 목적입니다.

악의 제국의 '세계 정복의 목적' 그 세 번째는 '지배당할 것 같으니 역으로 지배하기'입니다. '기동전사 건담[30]'에 등장하는 지온 공국이 전형적인 예가 되겠군요. 지온 공국은 지구 연방으로부터 독립하기를 원하여 독립 전쟁을 일으킵니다. 지구 연방의 지배에서 벗어나 지온 공국의 완전 독립을 원하며, 뿐만 아니라 한발 더 나아가 자비 가문[31]이 인류 전체를 독재하는 것이 목적입니다.

그들은 어째서 지구 연방의 지배가 싫은 걸까요?

그것은 타국이 '권력'을 쥐고 있기 때문입니다.

군대를 통솔하는 권력, 정치적 문제를 결정하는 권력, 외교를 결정

---

30 기동전사 건담
1979년 방영. 전쟁과 병기를 현실적으로 그려 내려고 한 리얼 로봇물의 시초. 당시 로봇물은 아동용이라는 인상이 강하게 남아 있었기에 이런 시도는 새로운 것이었다. '우주전함 야마토'와 마찬가지로 초기에는 부진했으나 종영 즈음에 인기가 폭발하였다. 때문에 주인공을 죽이고 끝내려 하였으나 급하게 살려서 후속작을 만드는 쪽으로 내용이 변경되었고, 오늘날까지도 다른 시리즈물이 이어지고 있다. 감독인 토미노 요시유키는 언사에 거침이 없는 것으로 유명하다. 일례로 자신이 만들지 않은 건담 시리즈는 인정하지 않기 때문에 보지도 않는다고. 2009년 방영 30주년을 맞이했고 이를 기념해 도쿄에 1:1 사이즈의 건담을 세웠다. 하지만 걷지도 날지도 못한다.

31 자비 가문
'기동전사 건담'에 나오는 콩가루 집안. 가족 사이의 권력 암투로 인해 전쟁에는 패배하고 집안은 거의 멸문 지경까지 갔다. 가족끼리는 사이좋게 지내도록 하자.

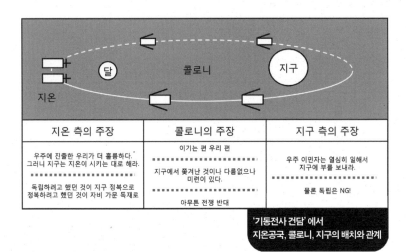

지온 측의 주장	콜로니의 주장	지구 측의 주장
우주에 진출한 우리가 더 훌륭하다. 그러니 지구는 지온이 시키는 대로 해라.	이기는 편 우리 편	우주 이민자는 열심히 일해서 지구에 부를 보내라.
독립하려고 했던 것이 지구 정복으로 정복하려고 했던 것이 자비 가문 독재로	지구에서 쫓겨난 것이나 다름없으나 미련이 있다.	물론 독립은 NG!
	아무튼 전쟁 반대	

'기동전사 건담'에서
지온공국, 콜로니, 지구의 배치와 관계

하는 권력……. 하나의 나라이면서 그런 '권력'을 빼앗긴 상태로는 '독립국'이라고 할 수 없습니다. 또한 독립 전쟁은 지배를 당한 민족이 일으키는 것입니다. 따라서 보통은 이 독립을 원하는 민족이 정의이고 지배자는 악이 되겠습니다만, 건담에서는 다릅니다. 지온 공국은 결국 패배하게 되며 악의 지온으로 취급받게 됩니다.

뭐, '악'으로 취급받게 된 경위를 볼 것 같으면 당연한 듯합니다. 육친을 아무렇지 않게 암살하기도 하고 독립보다도 자비 가문의 지배를 더 우선시합니다. 아무래도 비합법적이고 도덕적이지 못하기 때문에 보는 쪽도 별다른 위화감은 느끼지 않습니다. 그러나 다른 어떤 이유보다도 전쟁에서 패배했기 때문에 '악의 제국'이라는 낙인이 찍히고 만 것입니다.

즉, '결과적으로 졌기 때문에 악'인 것입니다.

여러분도 알고 계시겠지요. 매스컴에서 큰 인기를 모은 IT 사장이 체포된 순간에 '악'으로 취급당하는 것 말입니다. 체포되기 전까지는 '머니 게임의 승자'였지만 체포되자 '돈의 망령'이라는 딱지가 붙게 되는 것입니다.

네 번째 _ 악을 퍼뜨리기

다음은 조금 보기 드문 타입입니다. 악의 제국의 '세계 정복의 목적' 그 네 번째는 '악을 퍼뜨리기'입니다.

이것은 상당히 보기 힘들어서 찾아내는 데에 고생을 했습니다. '드래곤볼[32]'의 피콜로 대마왕[33]이 대표적인 예입니다. 피콜로 대마왕은 세계 정복을 한 뒤에 이렇게 선언합니다.

"말해 두지만 나는 국민들을 꼼짝 못하게 만들 생각은 전혀 하지 않는다. 오히려 좋을 대로, 자유롭게 행동하길 바란다. 경찰 따위는 폐지한다. 전쟁, 폭력, 강도, 살인……, 모두 다 자유다! 아무도 비난하지 않는다. 악인들이여, 하고 싶은 일을 전부 다 해라! 정의를 내세우는 놈들은 우리들 마족이 깡그리 퇴치해 주겠다!"

그러고는 마지막으로 그 결과에 대해 덧붙여 말합니다. "틀림없이 악과 공포에 가득 찬 멋진 세상이 될 것이다."

---

32 드래곤볼
　소년 만화의 왕도라 불리는 배틀물의 시초가 된 전설적인 작품. 1984년부터 1995년까지 소년점프에서 장기 연재되었다. 처음에는 개그물로 시작했으나 작가의 전작보다 인기가 없자 배틀물로 노선을 바꾸고 세계적인 히트를 기록했다. 주석을 다는 것마저 무안할 정도. 말 그대로 수많은 사람들의 인생을 바꿔 버린 작품. '원피스'의 작가 오다 에이치로가 열렬한 팬이다.

33 피콜로 대마왕
'드래곤볼'에 등장하는 악역 캐릭터. '드래곤볼'에서는 최초로 많은 사람을 죽인 본격적인 악역이었다. 작가 자신이 처음으로 힘주어 그린 악역 캐릭터이기 때문에 피콜로 대마왕을 작품 내에서 가장 애착이 가는 캐릭터라고 한 적이 있다.

보통 자신이 지배자가 되면 자신만큼은 나쁜 짓을 해도 타인이 나쁜 짓을 하는 것은 금지하는 법입니다. 하지만 역시 피콜로 대마왕, 대단한 신념의 소유자입니다. 이 정도까지 딱 잘라 말하는 악역 캐릭터는 좀처럼 찾아볼 수 없습니다.

여담이지만 '드래곤볼'에 나오는 악역은 세계 정복을 한 다음의 목적이 확실히 그려져 있으며 그것도 각자가 전부 타입이 다릅니다.

단순하게 세계를 정복하고 싶다고 생각하는 수준에 멈춰 있는 인물은 한 명도 없습니다. 세계를 정복한 다음에는 이렇게 하자, 저렇게 하자는 구체적인 비전을 모두 가지고 있는 것입니다.

작가인 토리야마 아키라[34]는 상당히 논리적인 인물이겠지요.

---

34 토리야마 아키라
'닥터 슬럼프'와 '드래곤볼'의 작가. 딱 두 번의 장기 연재를 하였으며 그 두 번의 작품이 둘 다 국민적, 세계적 히트를 기록한 전설이며 레전드. 이분의 재산이 대체 얼마인지는 만화계의 영원한 떡밥. 모르긴 몰라도 도쿠가와 매장금과는 비교가 안 될 것이다.

그 외 _ 목적이 의미 불명

음, 이제 마지막이 되겠습니다. '세계 정복의 목적이 의미 불명'인 경우가 있습니다. 이건 만화나 애니메이션의 제작자로서는 패배 선언과 같은 것입니다.

"아무튼 세계 정복을 하고 싶다. 내가 훌륭하다는 것을 세계가 알 수 있도록."이라고는 말을 합니다만, 결국 정복해서 무엇이 하고 싶은 것인가가 그려져 있지 않은 타입입니다.

앞에서도 든 예시입니다만 '북두의 권'에서 아이들을 시켜 피라미드를 만드는 성제 사우저가 좋은 예입니다.

피라미드를 무엇 때문에 만드는 것인가?

어째서 아이들이 아니면 안 되는 것인가?

피라미드를 만든 결과, 무엇을 손에 넣게 되는가?

피라미드 다음에는 무엇을 할 것인가?

전혀 알 수가 없습니다.

세계 정복의 목적이 불명확한 경우, 적 캐릭터로서의 매력은 '얼마나 나쁜 놈인가'를 그리는 데에 초점이 맞춰집니다. 사실 그렇게 하고 싶어서 그런 것이 아니라 그 이외에 그릴 것이 하나도 없기 때문에 그렇게 되고 마는 것입니다.

'북두의 권'같이 힘과 힘이 승부하는 세계에서는 주인공도 폭력을 사용하기 때문에 '폭력을 휘두르는 것 = 악'이라고 할 수는 없습니다. 그것보다는 '어떤 이유로 폭력을 휘둘렀는가'라든가, '어떤 표정을 지었는가'라든가 하는 태도만이 '악이 악인 이유'가 되어 버리는 거겠죠.

아무튼 잔혹하니까, 비겁하니까, 마음에 안 드는 놈이니까, 하는 말이 항상 거슬리니까, 즉 '나빠 보이는 놈이 나쁜 짓을 하고 있다. 그러니까 악이다.' 혹은 '나쁜 녀석이 생각하는 것은 모두를 힘들게 만들려고 하는 일이다. 그러니 세계 정복이다.' 하는 식이 되는 것입니다.

이런 패턴이 사실은 가장 많을지도 모릅니다.

'악의 제국'이 무엇을 위해 악을 행하는가, 지배하여 무엇을 하려는 것인가 하는 비전이 세워져 있지 않은 경우 말이죠. 만드는 사람이 생각하지 않았고, 심지어 보는 우리들 쪽에서도 신경 쓰지 않는 경우가 많은 것입니다.

"쇼커는 세계 정복을 꾀하는 악의 비밀결사이다."라는 소리를 들으면 '어, 그렇구나.' 하고 받아들이게 됩니다.

'세계 정복!'이라는 대담한 목표를 내세웠지만 언제나 정의의 우리 편에게 방해를 받습니다. 그 바람에 정복에 도전하는 내용만으로도 진이 다 빠지게 됩니다. 정복한 다음에 어떻게 지배할 것인가는 만드는 쪽도 보는 쪽도 생각할 여유가 없는 것입니다.

연애를 할 때, 두 사람 사이의 고백까지, 아니면 결혼에 골인할 때까지의 과정만으로도 힘이 들기 때문에 결혼한 뒤의 생활 같은 것은 생각할 여유가 없는 것과 마찬가지입니다.

하지만 결혼했다는 이유만으로 '두 사람은 영원히 행복하게 살았습니다.'가 될 수 없는 것이 현실입니다. 남편이 바람을 피울지도 모르고 아내가 병에 걸릴지도 모릅니다. 자식이 탈선할지도 모르고 시어머니가

노환으로 눕게 될지도 모릅니다. '결혼 생활 = 행복한 인생'이라고 단언할 수 없는 것이 현실입니다.

세계 정복에 있어서도 마찬가지입니다. 악의 조직이 그렇게나 하고 싶어 하는 세계 정복이니까 정복에 성공하면 분명히 좋은 일만 가득할 것이 틀림없다고, 우리같이 애니메이션이나 만화를 만드는 쪽에서도 무심코 그렇게 생각하고 있습니다. 그러나 사실 이것은 여러 가지로 복잡한 문제입니다.

대체 우리들은 '세계를 정복'하면서까지 무엇을 하고 싶어 하는 것일까요?

실제로 무엇을 원하는지는 그 사람의 타입에 따라 달라집니다.

당신은 어떤 타입의 '인류의 지배자'일까요?

모처럼 '세계 정복'이라는 어려운 사업을 이끌어서 성공시키려는 것입니다. 그러니 그 끝에는 행복이 기다리기를 바라고 있을 겁니다.

당신은 행복하고 전 인류는 항복합니다. 그 고생을 했는데 그러지 않으면 말도 안 되는 일입니다!

그럼 이제부터 지금까지의 의문에 대해 답을 드리도록 하겠습니다.

2장에서는 '타입별 지배자 테스트'부터 시작하도록 하겠습니다.

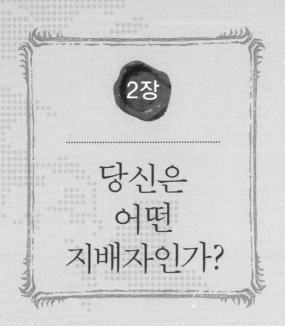

2장

당신은
어떤
지배자인가?

자, '타입별 지배자 테스트'에 들어가기 전에 잠깐 해 드려야 할 이야기가 있습니다.

1.
인류는 달팽이를 지배하고 있다?

세계 정복이라는 말을 쉽게 쓰지만, 정복이라는 것은 '정복할 가치가 있는 상대'를 정복해야만 의미가 있는 것입니다.

'정복에 의미가 있다.'는 것은 어떤 것일까요?

예를 들어 우리들 인류는 달팽이를 지배하고 있습니다. 달팽이들이 제아무리 무리를 지어서 몰려와도 인류에게는 당해 낼 수가 없습니다. 달팽이가 살지 죽을지는 우리들 인간의 손가락 하나에 달려 있습니다. 달팽이에 대해 우리들은 절대적인 권력을 가지고 있습니다.

그렇습니다. 우리들은 달팽이를 지배하고 있는 것입니다!

……어떠십니까? 이런 말을 들었을 때 여러분의 마음속에서 기쁨이 솟아오르십니까?

'정복자'로서, 마음속 깊은 곳에서 스며 나오는 웃음 때문에 입 꼬리가 살짝 올라가는지요?

솟아오를 리가 없겠지요. 달팽이 가지고는 안 됩니다.

시골에 살고 계신다면 집에서 닭을 몇 마리 키우는 분도 있을 겁니다. 그분들은 닭을 지배하고 있는 셈입니다. 농가라면 몇십 마리씩 기르고 있으시겠지요.

"너희가 키우는 몇십 마리의 닭은 전부 네 지배하에 있다. 즉, 너는 닭을 지배하고 있다!"

그런 소리를 들어 봤자 하나도 기쁘지 않을 것입니다. 닭을 지배하고 있다고 해 봤자 현실에서는 '닭을 보살피고 있는 것'뿐이니까요.

햄스터를 키우고 있는 사람은 '햄스터를 지배하고 있는 것'이 아니라 '햄스터를 보살피는 것'뿐입니다.

이거 참, 이렇게까지 구구절절 쓰지 않아도 벌써 충분히 알고 계시리라 생각합니다.

우리들 인류라는 것은 이미 인류 이외의 모든 동물을 지배하고 있는 것입니다. 하지만 그것 때문에 매일같이 빙글빙글 웃거나, 번개 치는 밤에 와인글라스를 손에 들고 '우하하하, 불쌍한 달팽이들……' 같은 생각은 하지 않습니다.

마찬가지로 우리들 어른은 유치원생을 정복하는 것이 가능하기는 합니다. 하지만 유치원생을 지배해 봤자 기쁘지 않습니다.

"앗, 응가 했니? 그래그래……." 혹은 "싸우지 마."가 되겠지요.

자신 이하의 상대는 아무리 '정복'해 봤자 결국 보살피는 꼴이 되어 버립니다.

지배라는 것은, 지배한다는 것의 쾌감은 사실 '지배하는 쪽'과 '지배당하는 쪽'이 동등한 종족이 아니라면 무의미한 것입니다. 상대가 동등한 종족이며 동등한 능력을 가졌을 때 처음으로 '지배하는 기쁨'이 솟아나는 것입니다.

애니메이션 같은 것을 보면 적의 보스가 "열등 종족을 정복해라!" 같은 소리를 합니다만, 그것은 사실 잘못된 것입니다. 정말로 열등 종족이라면 지배해 봤자 보살펴 줘야 하는 꼴이 되기 때문입니다.

그렇다면 어째서 악의 제왕이 "열등 종족을 지배해라!" 같은 소리를 슬로건으로 외치는 것일까요? 이건 차후에 말씀 드리겠지만 '나쁜 놈이라는 캐릭터를 만들기 위해서'인 것으로, 뭐 굳이 말한다면 그냥 허세 같은 것입니다. 정복할 때 일종의 기합 소리로 외치는 것뿐입니다.

정복과 지배라는 것은 같은 레벨의 종족이 아니면 재미도 없고 하는 보람도 없습니다. 성공해 봤자 '보살피기'밖에 되지 않습니다.

정복의 기쁨에는 지배당하는 쪽의 비명이나 감사의 목소리, 칭찬의 목소리가 필요합니다. 그런 게 있기는커녕 지배와 피지배 사이에 커뮤니케이션이 이루어질 수 없다면 지배 관계는 성립하지 않습니다.

항상 누군가가 나에게 감사하거나 두려워하거나 무서워하는 것, 이것이 세계 정복의 진정한 즐거움입니다. 그 즐거움을 위해서는 어느 수준 이상의 커뮤니케이션 레벨이 필요합니다.

예를 들면 말을 지배하고 있다거나, 혹은 정복하고 있다고 생각해 봅시다. 말이 감사의 마음을 배우게 되어 나에게 보답으로 당근을 가지고 올지도 모릅니다. 하지만 그런 일이 생겨도 귀여울 뿐입니다.

개구리를 지배하고 있다고 생각해 봅시다. 개구리가 공물로 파리를 가지고 온다. 쳐다보기도 싫을 겁니다.

이런 건 안 됩니다. 말이든 개구리든 내가 원하는 것을 알고 있어서 "충성! 오카다님, 올해 드리는 공물이옵니다." 하면서 가지고 올 수 있어야 합니다. 이런 커뮤니케이션 구조가 없다면 지배는 성립하지 않습니다.

지배에서 오는 진정한 즐거움은 같은 레벨의 생물끼리 높은 수준의 커뮤니케이션이 이루어질 때에만 생길 수 있습니다. 말하자면 인류 사이에서만 '지배의 쾌감'을 얻을 수 있는 것입니다.

전 세계의 모든 개구리들이 나를 무서워하고 있다고 해 봤자 하나도 짜릿하지 않습니다.

즉, 세계 정복이라는 것은 인류를 복종시킨다는 것입니다.

세계 정복의 '세계'는 무엇일까요? 그것은 말하자면 인간입니다. 우리들이 지배하고 싶은 것은 인간과 인간 사회뿐입니다. 그 이외의 것은 지배해 봤자 '돌봐 주는 것'에 지나지 않습니다.

2.

지배자의 네 가지 타입

자, 이 책의 테마는 '세계 정복'입니다. 이 책을 읽고 있는 여러분 자신이 구체적으로 세계 정복에 뜻을 세우고, 어떤 지배를 할 것인가를 생각해 보자는 그런 책입니다.

'세계 정복 같은 것은 하고 싶지 않아!'라는 사람도 전혀 관계가 없지는 않습니다. 왜냐하면 사람은 누구라도 '정복당하게 될' 가능성이 있기 때문입니다. 아니, 어쩌면 당신이나 저는 이미 누군가에게 지배당하고 있는지도 모릅니다.

난폭하고 독재적인 지배자에게서 도망치기 위해, 또한 선거에서 그런 정치가를 선택하지 않기 위해 '세계 정복을 하고 싶다.'라는 야망을 이해하는 것은 결코 헛된 노력이 아닐 것입니다.

지금은 평범하게 살고 있는 당신도 아마 예전엔 '세계 정복'을 꿈꿔본 적이 있을 것입니다. 한 번쯤 옛날의 마음으로 돌아가서 '좋아, 세계 정복을 해 주마!'라는 기분을 느껴 보시기 바랍니다.

그럼 우선 당신이 어떤 타입의 지배자인지 알아보겠습니다.

사실 세계 정복의 톱, 세계의 지배자에는 크게 나누어 네 가지 타입이 있습니다. 당신도 자신의 타입이 무엇인지 모른다면 어떤 정복자가되어야 할지 잘 알 수 없을 것입니다.

여기서는 당신의 성격에 맞추어 네 가지 타입의 지배자 중 어떤 스타일이 적합할지에 대해 생각해 보겠습니다.

다음 질문을 읽어 보고 자신의 타입을 선택해 주십시오.

아무것도 해당 되는 게 없다는 선택지는 일단 없는 것으로 합시다.'굳이 하나만 고르라고 한다면' 정도라도 괜찮으니까 선택해 주세요. 만약 '아닌 거 같은데' 하는 생각이 든다면 나중에 변경해도 괜찮습니다.이 네 가지 중에서 자신의 타입을 하나 선택하시면 됩니다.

생각할 시간은……, 그래요, 1분 이내가 좋겠습니다.

A '올바른' 가치관으로 모든 것을 지배하고 싶은 타입

B 책임감이 강하고 부지런한 자, 뭔가를 그냥 지나치지 못하는 타입

C 혼자서 있는 대로 사치를 부리고 싶은 타입

D 사람들의 눈에 띄지 않으면서 악의 매력에 잠겨 있기를 바라는 타입

선택하셨습니까? 대체적으로 지배자라는 존재는 이 네 가지 타입중 한 가지에 속합니다. 예를 들어 세계를 정복하는 것이 아니라 자신이 정의의 편이라고 생각하는 사람은 A타입입니다.

일을 시원하게 해치우는 사람, 명령하거나 계획하는 것을 좋아하는 사람은 B타입.

게을러서 지배자가 되면 사치를 부리고 싶다든가, 맛있는 것을 아침저녁으로 먹고 싶다든가, 하렘을 만들고 싶다든가 하는 생각이 떠오른 사람은 C타입입니다.

세계 정복을 하면 꼭두각시 왕을 앉혀 놓고 자신은 그 왕을 조종해서 알짜배기 이득만 다 챙기고 싶다고 생각한 사람은 D타입입니다.

자신의 타입을 선택했습니까?

그럼 각각의 타입에 대한 설명에 들어가겠습니다. 이 네 가지 타입이 자신의 적성을 충분히 발휘하면 어떤 지배자가 될까요?

타입마다 애니메이션이나 만화에 등장하는 캐릭터를 예로 들어 설명해 보겠습니다. 자기 자신과 비교해 보면서 읽어 주세요.

A타입 _ '올바른' 가치관으로 모든 것을 지배하고 싶어 하는 마왕 스타일

정의감이 강한 당신은 마왕형. 별명은 '인류 절멸자' 타입입니다.

정의를 사랑한다는 것은 악을 증오한다는 뜻이기도 합니다. 아름다운 것을 사랑하는 마음이 강하다는 것은 추한 행위를 멸시한다는 뜻이기도 합니다.

마음속에 강렬한 원한과 분노, 용서할 수 없다는 감정의 폭발을 항상 지니고 다니는 것이 정의감 강한 타입의 특징입니다.

결국 불꽃같이 타오르는 정의의 화염은 '자기들 맘대로 한심한 짓을 하는 인류 따위는 내 손으로 절멸시켜 주겠다!'는 생각을 낳게 됩니다. 그것이 바로 마왕형의 특징입니다.

마왕형의 전형적인 예로 '레인보우맨35'에 등장하는 '시네시네단36'을 소개하겠습니다. 상당히 마이너하고 오래된 방송이므로 모르는 분이 대부분일 것이라고 생각하는데요. 오츠키 켄지37를 비롯하여 많은 사람들이 칭찬한, 지금도 컬트한 인기를 가지고 있는 방송입니다.

그들 시네시네단은 '일본인이 싫다!'는 자신들의 분노를 종교의 레벨로 끌어올린 악의 집단이며 총사령관인 미스터 K38는 '일본인 몰살'을 조직의 목표로 내걸고 있습니다. 이런 내용이 어린이용 프로그램이라는 미명하에 금요일 저녁 7시 반부터 방송을 탔으니 1970년대는 진정 '뜨거운 시대'였다고 말할 수 있는 것입니다.

'레인보우맨' 제4화의 한 장면을 예로 들어 보았으므로 읽어 보시기 바랍니다.

---

35 레인보우맨
1972년부터 1973년 사이에 방송된 특촬물. 레인보우맨이 일곱 가지 능력을 가지고 시네시네단과 맞서 싸우는 내용을 그리고 있다. 권선징악적인 내용에 집중하는 것이 아니라 등장인물의 고뇌나 사생활을 그리고 있으며 악의 조직도 상당히 구체적이라는 특징을 가지고 있다. 특촬판 외에도 만화판, 애니메이션판이 존재한다.

36 시네시네단
한글로 하면 '죽어라 죽어단'. '레인보우맨'에 등장하는 악의 조직이다. 가사의 80%가 '죽어라'라는 단어로 구성된 '시네시네단의 테마'라는 주제가 있다. 2분 30초짜리 노래에서 '죽어라'라는 단어가 100여 번 나온다. 중요한 사실은 어린이용 방송이라는 것.

37 오츠키 켄지
일본의 록 가수, 작가. 서브 컬처에 관심이 많은 것으로도 유명하다. 1982년에 결성한 '근육소녀대'라는 그룹에서 보컬을 맡고 있다. 이 그룹의 곡을 통해 '에반게리온'에 등장하는 레이의 이미지와 말투를 만들어 냈다고 '에반게리온'의 디자이너가 자신의 책에서 밝히고 있다.

38 미스터 K
시네시네단의 리더 격 인물. 본명, 국적, 이력은 전부 불명이고 검은 옷에 검은 선글라스, 백발을 한 수수께끼의 남자다. 이름의 K는 원작자의 성인 카와우치에서 따온 것. 처음에는 장난 반으로 지은 이름인데 아무도 눈치 채지 못한 채 공식 설정이 되고 말았다고.

'레인보우맨' 제4화에서

기분 나쁜 회의실에 죽치고 앉은 남녀들. 모두가 다 이상한 가면으로 자신의
정체를 감추고 있다.

내레이터 "마카오 시내의 어떤 비밀 장소에서는 전 세계가 두려워하는 회
의가 열리고 있다. 이 마스크의 멤버들은 시네시네단이라고 자신들을 칭하
는 비밀 조직의 최고 간부들이다. 이 조직은 황색인종 중에서도 특히 일본인
을 혐오하는 세계 각국의 개인이 모인 집단이다."

내레이터 "이 남자는 미스터 K라고 불리는 수수께끼의 인물로 시네시네단
의 리더이다. 지금, 미스터 K는 동양의 작은 섬나라 일본과 일본인이 세계
각국을 얼마나 침략했는지 설명하고 있다."

미스터 K "지금이다! 일본을 이 세상에서 없애 버려라! 우리들은 황색 쥐
새끼들을 하나도 남기지 않고 말살시킬 것이다. 그러지 않으면 우리의 등골
까지 뽑히는 결과를 맞게 될 것이다. 일본인 전부를 지금 즉시 몰살시켜라!"

간부들 "맞다! 죽여라! 일본인을 몰살 시켜라!"

미스터 K "오늘 제군들을 이 마카오에 부른 것은 일본인 몰살 작전의 내
용이 결정되었기 때문이다. 오늘 밤은 작전을 시작하기 전에 축하하는 의
미로 제군들에게 멋진 쇼를 보여 주도록 하겠다."

'레인보우맨', NET 토호 제작, 1972~1973년

음, 악의 조직들이 가진 나쁜 버릇들이 잘 드러나 있습니다. 왜 비밀 조직들은 곧잘 '시작 전의 건배'나 '저승길 선물' 같은 것을 못 줘서 안달이 났을까요?

이 '멋진 쇼'를 개최하는 바람에 시네시네단의 존재와 음모를 레인보우맨에게 들키게 되고, 결국에는 괴멸을 당하게 됩니다.

자, 시네시네단은 제2차 세계대전 시 일본군에게 아주 지독한 꼴을 당한 동남아시아 사람들이 결성했다는 설정을 가지고 있습니다. 배후에는 유태인 자금원 등 유럽의 재벌들이 자금을 대 주고 있다는 숨겨진 설정도 있는 모양입니다.

이들은 '몰살'을 계획하는 잔악무도하고 사악하기 짝이 없는 사람들 같지만 사실은 그 정반대입니다. 정의감이 없는 사람들은 의외로 '몰살' 같은 것을 생각하지 못합니다. 일본인을 전부 죽이기 위해서는 많은 힘이 들지만 정복자에게는 아무런 이익도 없기 때문입니다. 어떻게 생각해도 '몰살'보다 일본인을 노예로 부리는 쪽이 더 득이 되는 전략입니다.

'일본인이 있기 때문에 세계가 피해를 보고 있다.'고 생각하기 때문에 '몰살'을 선택하는 것입니다. 그 판단이 옳은지 그른지는 제쳐 두고 마음 자체는 '세계가 피해를 보지 않게 하자!'라는 정의감으로 넘쳐 나는 것입니다.

시네시네단을 어린이용 히어로 방송에만 등장하는 거짓말 같은 악역이라고 생각하면 잘못된 것입니다.

프리드리히 니체는 '원숭이'인 '대중'을 증오하고, 경멸하고, 그들에게 가진 이루 말할 수 없는 '혐오감(거리의 파토스)'을 버팀목 삼아 자기 극기에 도전하는 존재를 초인이라고 이름 붙였다. 초인은 그들과 결코 섞일 수 없는 대중에 대한 혐오를 자기 극기의 동력으로 필요로 한다. 그렇기 때문에 이치에 맞지 않는 일이지만 초인은 항상 대중이 그의 곁에 있어야 하고, 그들에게 혐오감을 공여해 달라고 요청해야만 존재할 수 있다.

출처 : 우치다 다츠루[內田樹] 『개인출판, 유대문화론』 분슌신서

정의감이 강한 타입의 사람은 자신이 가진 분노와 원한 같은 감정의 동요를 순수하게 갈고 닦아서 '교리'라고 불러도 될 경지까지 끌어올립니다. 이 '교리', 예를 들면 '황인종이나 유태인을 그대로 두면 지구를 정복해 버릴 것이다.'라는 내용이 많은 사람의 동의를 얻으면 당신은 정치가가 됩니다.

만약 당신의 '교리'가 대중에게 동의를 받을 수 없는 내용이거나 비상식적인 것이라면 당신은 비밀 조직을 만들 수밖에 없습니다. 당신에게 있어서는 어디까지나 '인류를 위한' 것입니다만, 그것을 이해하지 못하는 세상이 당신을 '악의 제국'이라고 부르는 것입니다.

자, 똑같은 마왕형 정복자라도 '드래곤볼'에 등장하는 피콜로 대마왕은 '악의 조직' 같은 것을 필요로 하지 않았습니다. 자기 혼자서 왕궁에 쳐들어가더니 순식간에 국왕을 사로잡고 '제왕 선언'까지 단숨에 마쳐 버립니다. 내용을 조금 요약해서 소개하도록 하겠습니다.

"악한 짓을 해라. 악의 시대가 도래했다. 기뻐해라!"

"잘 들어라. 더 멋진 죽음의 공포란 무엇인가 알려 주겠다. 이 세계에 얼마나 많은 구역이 있는지 알고 있느냐. 43구역이다. 그래서 나는 1부터 43까지 숫자가 적힌 제비를 준비했다. 오늘부터 1년에 한 번씩 제비를 뽑아서 그 구역을 친히 없애러 가도록 하겠다. 운이 좋은 놈은 43년간 살 수 있을 것이다."

피콜로 대마왕은 옛날, 정의의 무도가에 의해 전기밥솥에 봉인당했다는 과거의 사연이 있습니다. 그 시절의 원한과 고통의 에너지가 '모두 죽여 버리겠다.'는 복수의 근원이 된 것이겠지요.

그러나 43년 걸려서 인류를 절멸시키면 그는 지구상에서 외톨이가 됩니다. 무엇을 즐기면서 살아가려는 것일까요? 물론 그는 입에서 알을 낳아 종족을 늘릴 수도 있지만, 그런 단성생식으로 종족을 늘려 봤자 먹이가 될 인류는 이미 전멸한 상태입니다.

그 외에도 '데빌맨39'에 나오는 데몬 일족 또한 인류를 절멸시키려고 합니다.

빙하기에 데몬 일족이 얼음 속에 들어간 사이, 원숭이에서 진화한 인류가 멋대로 지구의 지배자 행세를 하고 있습니다. 어이없는 것은 물론이고 맞아떨어지는 죄목을 찾을 수가 없을 지경입니다. 절대 용서할 수 없으므로 잡아 죽이고 씹어 먹으려는 것입니다.

이것도 원한과 증오가 원동력입니다. 데몬의 경우에는 개인이 아니라 종족이 가진 원한과 증오를 인간에게 뒤집어씌우고 있지요.

---

39 데빌맨
1972년부터 1973년 사이에 연재된 나가이 고의 만화. 과격한 내용과 폭력 묘사로 유명하다. 나가이 고는 '마징가 Z'의 원작자이기도 하다.

실사영화도 좋은 평판을 받은 적이 있는 '신조인간 캐산[40]'은 어떨까요? 등장하는 악의 조직, 안드로 군단은 인류가 만든 인조인간들입니다.

'로봇이라는 것 때문에 살고 죽는 것까지 인간 마음대로 한다. 용서할 수 없다. 인류에게 복수하겠다!'라는 이유로, 목적은 '인류 멸망'입니다. 이것도 증오가 '인류 절멸'이라는 교리로 이어진 예입니다.

현실의 예를 들자면 일본인에게 가까운 것은 옴진리교[41]입니다.

40 신조인간 캐산
1973년 타츠노코 프로덕션이 제작한 TV 애니메이션. 공해 처리 로봇이 낙뢰를 맞아 자아가 생기게 되고, 이로 인해 공해의 원인이 되는 인간을 없애려고 하자 주인공 캐산이 스스로 사이보그가 되어 맞서 싸운다는 내용. 공업 발달기였던 일본의 시대상이 반영되었다. 실사영화는 우타다 히카루의 전남편인 키리야 카즈아키가 감독. 키리야 카즈아키의 2009년 작 영화인 '폭렬닌자 고에몬'에는 최홍만이 출연하기도 했다.

41 옴진리교
1984년 일본에서 생겨난 종교 단체. 일본에 독립된 종교 국가를 세우려는 목표를 가지고 있었다. 1994년 재판 담당 판사를 살해하기 위해 사린가스 테러, 1995년 건물을 기부받기 위해 일반인을 납치 살해, 같은 1995년에 교단 비리를 감추기 위해 변호사를 납치 살해하였으며 이로 인해 경찰의 수사망이 좁혀 들어오자 수사망을 분산시키기 위한 아이디어로 출근 시간에 다섯 개 지하철역에서 사린가스 테러를 자행했다. 교주 이시하라 쇼코는 사형을 언도받았으며 단체는 1996년 해산되었으나 2000년 다른 간부가 출소하면서 Aleph로 개명하고 아직도 활동하고 있다.

그들도 처음에는 종교 집단으로서 잘해 봐야 독립된 종교 국가로 발전히러는 정도끼지만 생각했지 않니 싶습니다. 그러니 '언젠기 히르마게돈42이 온다.', '하르마게돈이 올 것이다.', '하르마게돈이 일어나지 않으면 우리 입장이 곤란하다.'는 식으로 점점 코너에 몰리게 된 결과, '하르마게돈이 안 오면 직접 일으키면 된다.'며 인류 사상 유례를 찾아보기 힘들 정도로 잔혹하고 커다란 범죄를 일으키고 맙니다.

옴진리교도 일단은 종교입니다. 그리고 종교는 정의감이나 그와 비슷한 것에서 비롯되는 법입니다. 그 정의감이 잘못된 교리로 승화되면 이런 무서운 일이 벌어지고 마는 것입니다.

정의감이 강하며 부정을 용서하지 않는 타입인 당신은 세계 정복을 할 때 부디 조심하시기 바랍니다.

B타입 _ 책임감이 강하고 부지런한 독재자 스타일

책임감이 강하고 부지런한 당신은 독재자형. 별명은 '인류의 관리자' 타입입니다.

언제나 최고 1등을 노리는 타입으로 자신이 신나게 일을 하고 부하에게도 일을 똑바로 하도록 시킵니다. 명령하는 것을 좋아하고 명령을 잘 내리기도 합니다. 야심을 바탕으로 활동하지만 의무감도 있습니다. 때문에 부하에 대한 평가도 적절하여 신뢰받는 '좋은 보스'가 될 것입니다. 이해받기 어려운, 고립무원이 되기 쉬운 마왕형에 비해 부하는 늘

---

42 하르마게돈
선과 악이 끝장을 보는 최종 결전을 가리키는 단어. 성경의 마지막 장인 요한계시록에 따르면 최종 결전이 일어나기 직전, 지상에는 각종 재앙과 악마가 창궐한다고 한다. 이에 따라 지구 멸망을 믿는 종교들은 자연재해나 각종 사건을 아주 큰 의미로 받아들이는 경향이 있다.

어나고 조직은 커지게 됩니다.

'인류 정복'의 깃발을 세우기 전에 우선 '업계 정복' 같은 현실적 목표를 먼저 세우는 것을 잊지 않는 당신은 어쩌면 평범한 카리스마 경영자로밖에 보이지 않을지도 모릅니다. 조직이 그 본성을 드러내고 이윽고 나쁜 일에 본격적으로 손을 댄 후에도 당신의 공평함, 즉 '쓸 만한 부하는 등용하고 일하지 않는 부하는 모가지'와 같은 규칙 덕분에 악의 조직이면서도 나름대로 일할 맛 나는 직장이 되기 때문입니다.

그러나 주의해야만 합니다. 조직이 커져도 중요 사항은 전부 자신이 결정한다는 독재 체제를 계속 유지하고 싶어 하기 때문에 당신이 해야 할 일은 끊임없이 늘어나기만 합니다.

결국 당신 자신이 가장 유능하기 때문에 당신이 가장 일을 많이 하게 되고, 그에 따라 여러 가지 힘든 일을 겪게 됩니다. 과로사의 위험까지 있습니다.

과로사는 농담이 아닙니다. 아돌프 히틀러라는 선례가 있습니다.

제2차 세계대전에서 세계를 전쟁의 소용돌이에 말려들게 한, 모든 유태인을 살육하려고 한 광기의 독재자 아돌프 히틀러. 그러나 그는 통치자로서는 대단히 우수했으며 그 탓에 당시 독일 국민은 제대로 된 민주 선거를 통해 그를 '독재자'로 선택한 것입니다.

세계공황의 한가운데에서 30퍼센트가 넘는 실업률, 6백만 명 이상의 실업자를 안은 채 파산 직전이었던 독일 경제를 히틀러는 부흥시켰습니다.

사회보장과 복지를 중심으로 하여 완전고용을 목표로 한 히틀러의 실업 억제 정책은 전 세계 경제학자들에게 비웃음을 샀습니다. 그러나 몇 년 지나지도 않아 독일의 총생산량은 세계 경제의 10퍼센트를 넘어서게 되고, 독일은 미국 다음가는 세계 제2의 경제대국으로 다시 태어나게 됩니다.

도시계획, 공해 대책, 의료 복지, 경제와 예술 등 히틀러의 독재 아래 독일의 모든 분야는 경이로운 발전을 달성했습니다.

이 정도로 유능하면 아마도 다른 사람 전부가 바보로 보이게 될 것입니다. 히틀러는 모든 정보를 자신이 곱씹으면서 모든 판단을 자신이 내리는 '완전한 독재자'였습니다.

그러나 독재자라는 것은 방향을 잘못 잡기 시작하면 아무도 고칠 수가 없습니다. 히틀러는 결국 전쟁에 패하여 자살하고 맙니다. 후일의 연구에 의하면 히틀러는 자살하지 않아도 6개월 후 무렵에는 과로로 죽었을 것이라고 합니다.

독재자라는 존재는 정말로 바쁩니다. 모든 정보가 자신에게 들어오고 모든 판단을 자신이 내리기 때문입니다. 엄청나게 바쁘더라도 다른 사람에게 중대 결정을 맡길 수 없기에, 즉 타인에게 권력을 맡길 수 없기에 그렇습니다. "내가 자는 사이에는 네가 결정해라." 하는 식으로 다른 사람에게 권력을 맡겼다가는 그놈이 자신의 위치를 위협하게 될지도 모릅니다. 그런 무서운 일이 일어나게 할 수는 없습니다. 그렇기 때문에 쉴 틈이 없습니다. 고대 로마제국의 티베리우스 황제도 사인은 과로였다고 합니다.

독재자에게 과로는 항상 붙어 다니는 것입니다. 과로사할 정도로 일할 수밖에 없기 때문에 독재자가 되는 것이라고 할 수도 있습니다.

조금 오래된 것이지만 '바벨 2세[43]'라는 만화에 나오는 적의 두령, 요미[44]님은 지구 지배를 위해 자신이 직접 조직을 만듭니다. 요미님이 가장 좋아하는 대사는 "세계를 호령하는 것이다."인데요, 명령을 좋아하는 요미님은 대단히 부지런한 사람입니다.

자신이 공격 계획을 세우고 거기에 필요한 공격용 로봇도 디자인합니다. 그 로봇을 만들기 위해 전 세계에서 과학자를 납치해 온 다음 설계와 발주를 합니다. 로봇이 완성되면 작전의 세세한 부분까지 결정합니다. 게다가 초능력도 쓸 수 있으므로 초능력자 스카우트도 자신이 합니다. 초능력 트레이닝 메뉴도 자신이 생각해 냅니다. 정의의 우리 편, 바벨 2세가 쳐들어오면 자신이 앞장서서 싸웁니다.

요미님의 부하들 역시 요미님이 조금이라도 쉴 수 있게 하고자 레이저광선 등 여러 가지를 만들어 바벨 2세와 싸우지만 바벨 2세는 레이저광선 같은 건 신경도 쓰지 않고 덤벼듭니다. 그렇게 되면 "큰일이다. 주무시는 요미님을 깨워라!"라는 말이 나오게 됩니다.

정말로 만화 도중에 "큰일이다. 주무시는 요미님을 깨워라!"라는 대사가 몇 번이고 나오기 때문에 요미님은 한숨도 잘 수가 없는 것입니다.

---

43 바벨 2세
1971년부터 1973년 사이에 연재된 요코야마 미츠테루의 만화. 요코야마 미츠테루는 우리나라에서는 '60권 만화 삼국지'의 원작자로 잘 알려져 있다. 세계의 열쇠가 되는 바벨탑에게 후계자로 선택된 주인공이 세계를 정복하려는 요미님에게 맞서 싸운다. 방자한 청소년이 노력하는 어른을 못살게 구는 나쁜 내용을 다루고 있다. 조상님을 잘 만나면 무서울게 없다는 교훈을 준다.

44 요미
바벨 2세에게 괴롭힘을 당하는 불쌍한 아저씨. 바벨 2세를 쓰러뜨릴 기회에도 부하를 먼저 구하거나 좋은 작전은 그 자리에서 바로 채용하는 등 끊임없이 노력하였으나 결국 북극해에서 머나먼 여행을 떠난다. 보고 있으면 눈물이 저절로 쏟아진다.

이 만화에서 요미님은 초능력을 쓰면 쓸수록 몸이 피로해지고 늙느다는 설정이 있습니다. 덕분에 요미님은 계속 늙어 가게 됩니다

그럼에도 기지를 공격당하면 "요미님, 괜찮으십니까?" 하며 걱정하는 부하들을 뿌리치고 "그러나 여기서 진다면 이 기지가⋯⋯."라며 초능력을 억지로 짜내면서 힘껏 싸웁니다.

요미님은 이 만화에서 세 번이나 과로사합니다. 공격을 당한 횟수가 아니라 과로사한 것이 세 번입니다.

과로사한 뒤에 어떻게든 부활해서 바벨 2세를 "어엇!" 할 정도로 놀래킵니다만, 두 번째도 과로사, 세 번째도 과로사이며 마지막에는 북극해에 가라앉고 맙니다. 대단히 불쌍한 사람입니다.

'데스노트[45]'라는 만화에도 독재자의 바쁜 일상과 고독이 그려져 있습니다. 주인공인 야가미 라이토[46]는 완전한 독재자 타입입니다. 만화를 읽어 보면 알 수 있는데, 그는 말이 안 될 정도로 일을 합니다. 밤낮으로 데스노트에 대해서만 생각하고 있으며 사람도 낮밤 없이 죽이고 있습니다. 자신이 죽이지 않을 때에도 누군가에게 죽이라는 지시를 내려 둔 상태입니다. 대단히 명확하고 구체적인 지시입니다.

지시를 받은 사람은 야가미 라이토를 존경하고 있기 때문에 지시대로 살인을 하려고 최선을 다합니다. 그러나 트러블이 일어나서 잠깐 지시를 내릴 수 없는 상황이 되면, '이게 좋겠지.' 하고 자기 멋대로 생각하여 하면 안 되는 일을 저지릅니다. 결국 할 수만 있다면 가능한 한 자신이 하는 것이 빠르고 확실하다는 것을 깨닫게 됩니다. 당연히 의논할 수 있는 상대는 누구 하나 없습니다.

이것은 괴롭습니다.

'의지할 수 있는 것은 오직 자기 자신뿐'이라는 상황에 몰리게 된 원맨 사장이라면 오컬트[47]에 빠질 수도 있습니다. 의지할 것이 정말 없다면 결국 물어볼 곳이 점쟁이 정도밖에 없겠지요.

그러나 불쌍한 야가미 라이토는 오컬트에도 빠질 수 없습니다. 그

---

45 데스노트
오바타 타케시가 그림, 오바 츠구미가 스토리를 담당한 만화. 2004년부터 2006년 사이에 연재되었다. 이름이 적힌 사람은 죽는 노트인 데스노트를 가진 주인공이 신세계의 신이 되는 이야기. 인간은 재미있다는 주제가 잘 그려져 있다.

46 야가미 라이토
'데스노트'의 주인공. 성적 우수, 용모 단정한 전형적인 엄마 친구 아들이며 썩은 미소가 매력 포인트.

47 오컬트
오컬트라는 단어는 눈으로 보거나 만질 수 없는 것을 뜻하는 라틴어 단어에서 유래되었다. 과학적으로 해명할 수 없는 신비한 현상, 초자연적 현상을 가리킨다.

는 사후 세계에도 기댈 수 없게 되었기 때문입니다. 사신은 언제나 야가미 라이토를 지켜보고 있으며, 게다가 그 사신은 자기편이 되어 주지도 않습니다. 그가 잘못될 것 같으면 마음에 안 드는 표정으로 계속 웃기만 합니다. 사신까지 보이는 인간이 새삼스레 점쟁이의 구구절절한 말을 들으러 갈 수도 없는 것입니다.

결국 야가미 라이토는 마지막까지 누구도 믿지 못하고, 누구에게도 마음을 터놓지 못한 채 죽고 맙니다.

앞에서 나왔던 '신비한 바다의 나디아'의 가고일도 상당히 바쁜 독재자입니다.

네오 아틀란티스의 수령, 가고일은 '어리석은 인류는 이대로 가면 자멸하기 때문에 우리가 관리해야 한다.'고 단정 짓습니다. 그야말로 '인류의 관리인'이라는 이름에 어울리는 대사가 아닐까요? 실제로 이 사람은 언제나 일하느라 바쁩니다. 자신이 작전을 세우고, 부하에게 지시를 내리고, 설교와 처벌, 거기에 조직 내부의 파티 사회자도 자신이 직접 맡는 일꾼이었습니다.

후반에는 설정이 달라져서 "우리 아틀란티스인의 후예가 세계를 지배하고 인류를 없애 버린다."라는 소리를 하며 전 세계에 레이저광선을 쏜다는 계획을 짜기도 합니다. 마왕형으로 바뀐 것입니다. 그러나 초기의 가고일은 독재자 타입, 틀림없이 부지런한 타입이었습니다.

일하는 타입의 독재자에게 지배라는 것은 앞서 이야기한 것처럼 닭을 돌보는 것 같은 일, 유치원생을 돌보는 것 같은 일입니다. 어리석은 인류를 지배하기 위해 어리석은 부하들에게 명령을 내리느라 밤에는 잠도 자지 못합니다. 그것이 '독재자'의 진정한 모습일지도 모릅니다.

그럼 만화가 아닌 현실 사회에 대해 생각해 봅시다. 만약 당신이 현실 세계를 지배한다면 어떻게 될까요?

그 순간 미국과 이슬람이 싸우고 있는 것은 '당신의 책임'이 됩니다. 당신이 흥미로워 하는 문제가 무엇인지는 아무런 상관이 없습니다.

아랍제국은 "독재자님, 미국이 나쁜 짓을 합니다."라고 말할 것이 당연합니다. 미국은 미국대로 "독재자님, 저놈들이 9·11 테러를 일으켰습니다. 벌을 내려 주십시오."라고 말합니다. 독재자로서는 어딘가에 벌을 줄 수밖에 없습니다.

할 수 없이 조사단을 파견하기로 합니다. 이때 조사단원이 뇌물을 받고 대충 보고를 하는 놈이라면 곤란합니다. 어쩌면 조사단이 이슬람과 지나치게 친해진다든가 아니면 미국과 너무 친해져서 자신을 노리게 될지도 모릅니다. 그러니 신뢰할 수 있는 조사단원도 자신이 직접 선택할 수밖에 없습니다.

또한 설령 조사단이 공정한 보고를 해도 그 판단을 양국이 그대로 받아들일 리가 없습니다. 이번에는 당신이 직접 당사국을 달래거나 화를 내서 쌍방이 받아들이도록 할 수밖에 없습니다.

그런 귀찮은 일을 밑도 끝도 없이 맡아야 하는 것이 '인류의 관리자', 즉 지배자인 당신의 역할입니다.

책임감이 강하고 부지런한 사람이며 하나라도 그냥 지나치지 못하는 당신, 세계 정복을 할 때는 부디 조심하시기 바랍니다.

C타입 _ 혼자서 있는 대로 사치를 부리고 싶어 하는 바보 임금님 스타일

자신이 최고로 소중하고 사치를 진짜 좋아하는 당신은 임금님형 별명은 '바보 임금님' 타입입니다.

이왕 인류를 정복할 거라면 쾌락을 실컷 맛봐야 한다고 생각합니다. 수백만 명이 환호하는 모습을 발코니에서 내려다보는 멋있는 정복자가 되어, 그런 자기 자신에게 취하고 싶은 사람이 바로 이 타입이라 할 수 있을 것입니다.

저자인 저도 여기에 가까운 타입입니다. 그러니 임금님 타입의 사고 패턴을 잘 이해할 수 있습니다.

임금님 타입인 사람은 '어? 세계 정복을 한다면 누구나 발코니에 서서 환성 소리를 듣고 싶어 하지 않나?' 같은 생각을 합니다.

임금님인 당신도 그렇게 생각하시죠? 하지만 아닙니다.

마왕 타입은 '환성을 지르는 민중' 같은 것을 하찮게 보고 있습니다. 하찮게 생각하는 상대에게 존경받아도 하나도 기쁘지 않은 것입니다.

그 이전에 말이죠, 인류 멸망을 노리고 있는 사람이 아무 생각 없이 발코니에 모습을 드러냈다가는 암살자의 표적이 되는 게 당연하지 않겠습니까?

독재자 타입은 바쁘기 때문에 그런 쓸데없는 데 쓸 시간이 없습니다. 자신의 위엄을 내보이거나 부하들의 사기를 끌어올리기 위해서 필요하다면 나타날 수는 있겠지만 그것도 일이라고 생각하고 있겠지요.

흑막 타입은 자기 대신에 누군가를 내세우려고 합니다. 민중의 심벌이라고나 할까요? 그런 대용품을 준비해 두고 자기 자신은 뒤편에 앉아 느긋하게 권모술수를 부립니다. 이것이 바로 흑막 타입이 원하는 삶의 보람입니다.

뭐가 어찌 되었든 지금 당장 기분이 좋아지고 싶고 즐거워하고 싶다는 것. 좋은 말로 하면 '단순'한 것이지만 이런 사람이 세계를 정복하면 전형적인 '바보 임금님'이 되고 맙니다.

무엇보다도 이 타입은 아부에 약합니다. 지배자에게 선물로 들고 오는 맛있는 것이나 진기한 것, 보석같이 호화로운 것이나 재미있는 것에 드러내 놓고 기뻐합니다. 당연히 공물을 엄청 들고 오는 아부에 능한 부하와 어떻게든 한자리 해 보려는 사람들을 중용하게 됩니다.

반면 마음에 안 드는 이야기나 귀찮은 이야기는 듣고 싶어 하지 않으므로 지배 체제의 유지는 대충대충 하고 마는 것이 특징입니다. 자는 동안 신뢰하던 부하에게 목을 베이는 것이 가장 흔한 패턴입니다.

그러나 만화나 애니메이션 작품을 찾아보면 이런 캐릭터는 의외로 적습니다. 최후의 적으로 내세우기에는 부족하기 때문인지도 모릅니다. '천공의 성 라퓨타48'에 나오는 적 캐릭터인 무스카49의 상사, '장군'이 바로 이 타입입니다. 모처럼 초과학의 보고 라퓨타에 도착했는데도 금은보화를 발견하자 정신없이 훔치기에 바쁩니다. 악의 제국에서는 중간 보스 정도에 많은 타입이 되겠습니다.

---

48 천공의 성 라퓨타
1986년 스튜디오 지브리가 제작한 애니메이션. 감독은 미야자키 하야오. 미야자키 감독이 원작을 따로 사용하지 않은 최초의 오리지널 애니메이션이자 스튜디오 지브리 최초의 작품이다.

49 무스카
'천공의 성 라퓨타'에 등장하는 캐릭터. 지브리 애니메이션 중에서는 보기 드물게 비정한 캐릭터로 그려졌다.

만화에서 유명한 것은 '드래곤볼'의 레드리본군[50] 총수입니다.

레드 총수[51]가 군을 총동원하여 드래곤볼을 모으는 이유는 자신의 키를 크게 하고 싶다는 진짜 개인적인 소원을 이루기 위해서였습니다. 부관이 질려서 "뭐라고요? 전 세계를 지배하에 두고 다스리려는 것이 아니었습니까?" 하고 묻자, "그런 건 시간만 있으면 어떻게든 되는 거야! 그 전에 지배자는 멋있어야만 하는 거지……."라는 말로 응수합니다.

이어지는 얘기는 더 가관입니다. "장대같이 큰 놈이 숏다리의 기분을 알 리가 있나! 나는 학창 시절부터 '야, 야. 숏다리 레드!' 하면서 바보 취급을 받아 왔다. 키가 작은데도 아저씨 얼굴이라는 소리도 들었지……."

총수의 너무나 낮은 레벨에 쇼크를 받은 이 부관은 확실하게 앞에서 보았던 독재자 타입, 밤낮없이 일하는 타입이겠습니다.

"내가 어떤 소원이라도 들어준다는 드래곤볼의 정보를 입수해 온 것은 레드리본군의 세계 정복을 위해서입니다."

"닥쳐라! 어떻게 할지를 정하는 건 총수인 내 마음대로다!"

역시 바보 임금님 타입. 억지가 폭발합니다. 이 녀석은 눈앞에 맛있는 것이 있다면 배가 터지도록 먹고는 배 아프다고 중얼거리면서 바로 누워 버리는 타입일 겁니다.

아, 이거 저하고 완전 똑같네요.

당연하다고 해야 할지 뭐라 할지, 레드 총수는 다음 컷에서 부관에

---

50 레드리본군
'드래곤볼' 초반부에 등장하는 군대. 세계 정복을 위해 드래곤볼을 모았다.

51 레드 총수
레드리본군의 총수. 키가 엄청나게 작다. 루저들의 별.

게 암살당하고 맙니다.

애니메이션이나 만화에서도 이런 바보 같은 놈을 보스 캐릭터로 쓰는 작품은 그다지 찾아볼 수 없습니다. 그러나 현실 세계에서 그것이 실제로 일어났습니다. 북한의 독재자 김정일이 이 타입이라고 할 수 있겠지요.

김정일은 대단하죠. 정말 이 정도로 자신의 쾌락 원칙을 위해서 나라를 다스리는 지배자는 좀처럼 찾아볼 수가 없습니다. 물론 대포동 미사일이나 납치처럼 여러 가지 엄청난 일이나 용서할 수 없는 일도 있습니다. 그러나 바보 임금님 타입이 한 나라를 독재 체제로 지배하는 모습 자체는 상당히 귀중한 역사적 자료일 것입니다. 최근에는 도쿄 도지사, 이시하라 신타로[52]가 이런 타입인 것 같습니다.

이처럼 임금님 타입의 지배자는 자신이 가장 많은 쾌락을 즐기기 위해 한 나라를 운영하는 것이 목적입니다.

그래도 김정일은 상당히 일을 합니다. 역시 지배자라는 것은 적극적이어야 합니다. 아니, 최소한 과로까지는 타고난 운명인지도 모르겠습니다. 그처럼 일에서 오는 스트레스가 있기 때문에 자기 하고 싶은 대로 고집을 피우게 되고, 마침내는 부하나 가족에게 배신당합니다. 임금님 타입의 말로는 불쌍한 것입니다.

자신을 너무 좋아해서 마음껏 사치를 부리고 싶은 타입인 당신, 세계 정복을 할 때에는 부디 조심하시기 바랍니다.

D타입 _사람들의 눈에 띄지 않으면서 악의 매력에 잠겨 있고 싶어 하는 흑막 스타일

사람들 눈에 띄지 않고 세계를 정복하고 싶은 당신은 흑막형. 별명은 '악의 배후' 타입입니다.

어디까지나 흑막이기 때문에 사람들 눈에 띄는 것은 싫지만, 모든 일을 자기 마음대로 하는 것은 정말 좋아합니다. 남몰래 일을 꾸미는 것, 사전 교섭, 미스 리딩(일부러 오해를 유도하기), 타인의 비밀을 쥐는 것이 당신의 스타일입니다.

트럼프 같은 게임에서도 자신이 이기는 것보다 상대의 실책을 유도하는 '수비형'을 쓰고 싶어 하는 타입인 것이지요.

---

52 이시하라 신타로
베스트셀러 작가였으나 정치가로 전직하고 난 후 직업이 망언 제조기로 바뀐 인물. 도쿄 도지사를 지내면서 일본에 체류하는 아시아인에 대해 차별 발언을 일삼았다. 서양인에 대해선 일언반구 언급이 없는 것이 인상적.

'나는 리더보다도 리더 보좌관 역이 알맞다.'고 생각하는 사람과 사기꾼을 동경하는 사람도 이 타입에 알맞습니다. 마피아나 야쿠자에도 이런 사례에 속하는 사람들이 많습니다.

부하나 무기도 자신의 도구라고 생각하고 있습니다. 그래서 필요하다면 부하를 희생시키는 데에도 아무런 주저가 없습니다. 실패한 부하에 대한 처벌도 엄격합니다. 적에게 부하가 살해당해도 아무렇지 않은 것이 이 타입입니다.

자못 냉정하고 비정해 보이기 때문에 이 타입이 악역으로 등장하는 작품은 풍부합니다. 악의 흑막이라는 것은 드라마에도 나오기 쉽고, 영화 속에서도 캐릭터로 만들어서 내보내기가 쉽기 때문이겠지요.

가장 전형적인 예가 '007 썬더볼 작전[53]'의 비밀 조직 스펙터 간부 회의의 장면입니다. 이것이 흑막형, 악의 배후 타입의 전형적인 예입니다.

나쁜 일을 계획하고 실행하는 것이 정말 좋다는 겁니다. 스펙터의 능력 정도면 법률을 지키면서 사업을 벌여도 상당히 벌어들일 수 있을 것 같은데 반드시 암살, 협박이라는 불법 행위에 집착합니다.

일본의 이중 스파이를 협박한다는 위험한 다리를 건넜는데 고작 4천만 엔의 수익을 얻습니다. 그 액수로는 한 시간짜리 애니메이션도 못 만듭니다. 도회지 맨션 한 채도 살 수 없습니다. 수익이 너무 나쁩니다. 좀 더 벌지 않으면 조직을 유지할 수가 없을 겁니다.

---

53 007 썬더볼 작전
1965년에 만들어진 할리우드 영화. '007' 영화 시리즈 4탄이며 시리즈 최고의 흥행 성적을 거두었다.

그럼 재무 보고로 넘어간다

영화 '007 썬더볼 작전'에서

런던 시내의 '국외 망명자 원조 협회'라는, 언뜻 보기에 딱딱한 사무실풍 건물에 들어간 초로의 신사. 그러나 그 건물의 가장 깊숙한 곳에서는 세계적 범죄 비밀 조직 '스펙터'의 간부 회의가 열리고 있다. 신사는 조직 최고 간부 'No.2'인 것이다.

No.1(수령) "그럼 재무 보고로 넘어간다."

No.7 "이중 스파이 후지다의 공갈 계획은 불행히도 4천만 엔의 수입에 그쳤습니다."

No.10 "소련에 망명한 프랑스 물리학자 암살에 성공, 프랑스 외무성으로부터 3천만 프랑의 사례를 받았습니다."

No.5 "영국 열차 강도의 자문료는 25만 파운드입니다."

No.11 "미국 시장의 중국제 마약의 매상은⋯⋯."

No.11이 보고하자 수령이 그 숫자는 횡령의 결과라고 지적, 배신자는 순식간에 불타 죽는다. 연기 속에서 아무 일도 없었던 것처럼 새 의자가 올라오고 회의는 계속된다.

No.1(수령) "그럼 No.2가 새로운 계획을 발표하라."

No.2 "새 계획은 북대서양 조약 기구를 공갈 협박하여 2억8천만 달러를 수중에 넣는 것이다. 이미 동지 리페 백작이 영국 남부에서 준비를 마쳤으며⋯⋯."

'007 썬더볼 작전', 테렌스 영 감독, 1965년

예를 들면 구글을 매수한다든지요. 생각해 보면 좋은 방법은 얼마든지 있을 것입니다.

그러나 역시 악의 흑막입니다. 나쁜 짓을 하고 싶어 합니다. 나쁜 짓을 하는 편이 돈도 더 잘 벌리고 효율도 좋다고 생각하는 것입니다. 게다가 나쁜 일을 하면 스릴이 있어서 성공했을 때의 기쁨이 한층 더하다고 생각합니다. 그처럼 짜릿한 나쁜 일을 하는 타입이기에 고양이도 무릎 위에 올려놓고 쓰다듬고 싶고, 실패한 부하도 죽이고 싶은 겁니다.

실패한 부하를 죽인다는 것은 가장 하면 안 되는 일이지만 그런 행위로 자신의 위대함이나 권력을 실감하고 싶은 것이겠지요.

애니메이션판 '루팡 3세 칼리오스트로의 성[54]'에 나오는 칼리오스트로 백작[55]도 이런 타입입니다.

그는 위조지폐 만들기를 좋아합니다. 하지만 위조지폐를 만들어서 그런 식으로 전 세계에 뿌리면 인플레이션이 일어나 자신들이 손해를 보게 됩니다. 게다가 뒷세계에서는 '고토 지폐[56]'라고 불릴 정도로 유명합니다. 만천하에 드러나 있는 것입니다. 그런데도 서슴지 않고 지폐를 만듭니다.

임금님의 딸인 귀여운 소녀에게도 스트레이트로 설득하는 것이 아니라 "빛과 어둠이 하나가 됩니다."라는 식으로 어떻게 해서든 자신이

---

54 루팡 3세 칼리오스트로의 성
만화가 몽키 펀치 원작의 애니메이션 '루팡 3세'를 원작으로 1979년에 만들어진 두 번째 극장용 영화. 스튜디오 지브리의 미야자키 하야오가 처음으로 감독을 맡은 작품이기도 하다.

55 칼리오스트로 백작
'루팡 3세 칼리오스트로의 성'에 칼리오스트로 공국의 지배자로 등장하는 인물.

56 고토 지폐
극장판 애니메이션인 '루팡 3세 칼리오스트로의 성'에 등장하는 위조지폐의 이름. 잘 만든 위조지폐로 유명하기 때문에 아예 별명이 붙어서 돌아다니게 되었다는 설정.

나쁜 놈이라는 것을 드러냅니다. 악의 미학에 집착합니다.

단순히 빠르게 결과를 내려는 것이 아니라 그 과정이 가장 중요하다고 생각하는 타입인 것입니다.

만화 '드래곤볼'의 프리더[57]도 흑막 타입의 전형적인 예입니다.

손오공의 형 라디츠[58]의 증언에 따르면 "우리 사이어인[59]은 전투 민족이다. 환경이 좋은 별을 찾아내고 그곳에 사는 자들을 절멸시킨 뒤 적당한 별을 찾는 이성인에게 높은 값으로 파는 것이 일이다."라고 합니다. 그리고 형 라디츠 일행은 모두 프리더라는 우주인에게 고용되어 있습니다.

그 프리더에게 절멸이라는 것은 '일'인 겁니다. 나중에 비싸게 팔기 위해서 말이죠.

프리더 정도의 실력이 있다면 돈 많은 우주인과 거래 상담을 하기보다 그 우주인을 바로 습격하여 돈을 빼앗으면 될 겁니다. 그런데 프리더는 지구인을 절멸시킨 뒤 지구를 이성인에게 팔려고 생각합니다. 이 '판매'한다는 부분만큼은 상도덕으로서 진지하게 지키려고 하는 모양입니다.

흑막이라고는 해도 성실한 악의 하인입니다. 그렇기 때문에 '뒷세계의 규칙'을 제대로 지킵니다. 그런 부분이 '악의 흑막형'이 가진 성격이라고 해도 되지 않을까요.

자기도 모르게 결과보다 그 과정을 즐기게 됩니다. 그리고 '악'에

---

57 프리더
'드래곤볼'의 카리스마 악역 보스. 어렸을 때는 그냥 나쁜 놈이지만 나이를 먹고 나면 꼭 한 번 모셔 보고 싶은 상사의 모델이 된다. 2단 변신을 시켜 놓고 봤더니 그리기 힘든 디자인이라 작가가 번개같이 3단 변신을 시켜 버렸다는 일화가 있다.

58 라디츠
손오공의 형. 라디츠의 등장으로 '드래곤볼'의 전개는 사전적 의미 그대로 우주로 간다.

59 사이어인
'드래곤볼'의 세계관에 나오는 수많은 외계인들 중 하나. 화가 나면 머리 색깔이 바뀐다.

집착하는 만큼 효율이 나쁜 지배를 하게 됩니다. 결국 점차 목표에서 멀어집니다.

사람들의 눈을 피해 악의 매력에 잠기고 싶은 타입의 당신, 세계 정복을 할 때에는 부디 조심하시기 바랍니다.

자, 이렇게 해서 독자인 당신이 어떤 타입인가에 따라 네 종류의 지배자를 소개해 보았습니다.

세계의 지배자가 된 기분은 어떠셨습니까?

세계 정복을 해 보는 것도 조금은 괜찮은 것 같다는 기분이 드실지도 모르겠군요.

그럼 이제 실제로 세계 정복을 할 순서입니다. 어떻게 세계를 지배해 나갈지 그 과정을 구체적으로 생각해 봅시다.

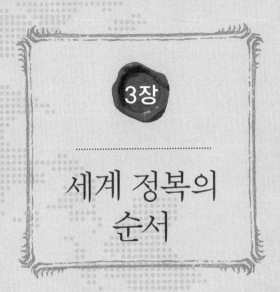

3장

세계 정복의
순서

1.

1단계_목적 설정

먼저 '목적'을 정합니다.

원하는 것이 돈인지, 인류를 지배하는 것인지, 아니면 인류를 절멸시키는 것인지, 싸움이 없는 평화로운 세계를 만드는 것인지 그 목적부터 정해야 합니다.

'싸움이 없는 평화로운 세계'와 세계 정복은 서로 정반대라고 생각할 수 있지만 이것도 엄연히 정복의 목적이 될 수 있습니다.

두 번 다시 전쟁이 일어나지 않도록 전 세계의 군대를 파괴한다. 이것은 모두가 싸움을 하지 않도록 철저하게 감시하는 방식입니다. 정복자가 압도적으로 강력할 경우 정말 가능할 수도 있습니다. 말로 해결할수 없다면 힘으로 찍어 누른다는, 나름대로 효과적인 한 가지 방법입니다. 이건 '아메리카 스타일'이라고도 할 수 있습니다.

다시 한 번 드리는 말씀입니다만 여러분도 세계 정복을 하고자

한다면 먼저 '목적'을 정하시기 바랍니다. 세계 정복이 최종 목적이어서는 안 됩니다. 정복한 후에 무엇을 하고 싶은지 진지하게 생각해야 합니다.

평화로운 세계를 만들고 싶은 것인지? 아니면 자신을 영원히 숭배하는 세상을 만들고 싶은 것인지?

최근에는 이런 생각을 하는 사람이 별로 없는 듯하지만 자신의 일가, 친형제나 친구가 다른 사람들과 차원이 다른 수준의 우아한 삶을 살고 싶은 것인지? 아니면 그저 엄청나게 많은 돈을 가지고 싶은 것뿐인지?

그렇지 않다면 역사에는 이름이 남지 않지만 인류의 흑막으로서 세계를 컨트롤하고 싶은 것인지? 다음 전쟁에서 한 나라를 이기게 하고 다른 나라에는 원자폭탄을 떨어뜨리는 등, 그런 그림자 속의 지배자 같은 존재가 되고 싶은 것인지?

먼저 한 번쯤 열심히 생각해 보도록 합시다.

'세계 정복을 한 다음에는 무엇을 할 것인가?'

세계를 정복하는 것 자체만으로도 엄청나게 커다란 일입니다. '탈진증후군'에 걸리지 않기 위해서라도 우선 '목적'을 정하도록 합시다.

당신의 목적이 '평화로운 세계를 만들고 싶다.'인 경우 "당신이 제안하는 방법이라면 세계 평화를 이룰 수 있을 것 같습니다."라며 당신의 제안을 받아들이는 사람들이 나타납니다. 그들은 "나도 세계 평화를 바라고 있으니 협력하겠습니다."라면서 자원봉사를 해 줍니다.

세계 평화처럼 많은 사람이 찬성할 만한 '목적'에는 당연히 많은 자원 봉사자들이 모여들 것입니다. 목적 자체가 그들의 보수로 충분하기 때문입니다. 이념은 많은 찬성자를 얻을 수만 있으면 됩니다. 합리적이 아니라도, 그러기는커녕 논리적이 아니라도 상관없습니다.

예를 들어 '독일 민족은 세계에서 가장 우수한 민족이다. 그에 비하면 별 볼일 없는 유태인이 부를 점유하는 것은 용서할 수 없다. 뿌리를 뽑아야 한다.'는 것도 20세기 초의 독일에서는 '이념'이었던 것입니다.

당신이 이념을 널리 드러낸다면 인재가 모여들기 쉬워지고 세계 정복도 진행하기 쉬워집니다.

보수만으로 사람을 일하게 만들려면 꽤나 파격적인 보수를 준비할 필요가 있는데다 신뢰할 수도 없습니다.

예를 들어 돈만으로 고용한 암살자를 생각해 보십시오. 법망에서 벗어난 돈이 드는데다 내일은 당신을 죽이러 올지도 모릅니다. 그러나 당신이 외치는 이념에 찬성하는 사람이라면 돈을 받지 않고 일하는 것은 물론이고 자신의 돈을 쓰면서까지 일해 줍니다.

그러나 그렇게 '모두가 공유할 수 있는 목적 = 이념'을 확립하는 것은 생각보다 어려운 일입니다. 스파이 액션 '007[60] 시리즈'에는 골드 핑거[61]라는 악역이 있습니다. 그가 계획한 것은 군대가 경비하는 미국의

---

60 007
살인 면허를 가진 제임스 본드가 주인공으로 등장하는 스파이 액션 영화 시리즈. 007은 제임스 본드의 코드 네임이다.

61 골드 핑거
1964년에 나온 '007' 영화 시리즈 3탄에 나오는 악당의 이름.

포트 녹스[62]라는 커다란 금고의 금괴를 습격한다는 것인데요, 그 '이념'이 대단히 신선했습니다.

'미국은 이미 하늘을 정복했다. 우주도 정복했다. 인류의 진보는 멈출 줄 모른다. 그러나 범죄만은 옛날 그대로이다. 우리들 범죄도 근대화하지 않겠는가.'

범죄자도 근대화하여 미군의 금고를 끝내주는 방식으로 뚫어 보겠다는 것입니다. 범죄의 근대화라는 목적은 마피아들에게 공유되어 당당한 '신념'으로 발전, 마피아를 아군으로 끌어들이게 됩니다.

골드 핑거의 계획은 이념만이 아니라 방법도 실제로 근대적이었습니다.

미합중국이 소장하고 있는 금을 빼앗는다면 어떤 식으로 약탈해도 그건 기존 범죄와 다를 것이 없습니다. 따라서 그렇게 하는 것이 아니라 포트 녹스의 중심에서 코발트 핵폭발을 일으키고, 그 폭발을 통해 금고에 보관되어 있는 금괴를 방사능 오염시킨다는 전략입니다.

미 정부가 보유하고 있는 대량의 금괴가 방사선 오염을 뒤집어쓰면 어떻게 되는가?

지금까지 포트 녹스에 있던 엄청난 양의 금을 쓸 수 없게 되기 때문에 당연히 다른 금의 시장 가격이 뛰어오릅니다.

"우리들이 이미 범죄로 모아 놓은 금의 가치가 적어도 열 배는 뛰

---

62 포트 녹스

실제로 미연방 금괴 보관소가 위치한 곳의 지명. 평야에 2층짜리 건물이 서 있는 것이 전부이지만 여기에 관한 모든 것은 국가 기밀로 다루어진다. 1936년 설립된 이후로 내부 영상 촬영은 제한적으로 딱 한 번만 허가되었다. '007' 영화 촬영 시에도 상공 촬영만을 허가받았고 따라서 내부는 그냥 상상의 산물이다. 엄중한 경비 때문에 이 안에는 금괴 외에도 또 다른 수상한 것들이 감추어져 있을 것이라는 영원한 떡밥이 떠다니고 있다. 이러한 특성 때문에 미국에서는 많은 대중 매체가 소재로 다루었다.

어오를 것이다. 그것이 우리들의 목적이다!"라는 굉장히 지능적이며 과학적인 범죄 계획을 세웁니다. 이러한 프레젠테이션으로 동료들을 모은 것이겠지요. 실로 범죄의 근대화라고 말할 수 있을 것입니다.

2.
2단계_인재 확보

목적이 정해지면 다음은 우수한 인재를 모읍니다.

인재를 모으는 수단은 '동료를 설득하기', '모르는 사람을 스카우트하기', '우수한 인재를 유괴해 노예로 만들기' 등 여러 가지가 있습니다. 그러나 어떤 방법을 쓰든 상대에게 '세계 정복의 방법'과 '무엇을 위해 정복하는가.'라는 목적을 전달해야 하고, 상대의 본심은 어떻든 이에 대해 동의를 얻어야만 합니다.

특히 처음에는 조직도 작습니다. 사람들도 절반은 자원봉사라는 형태로 일할 수밖에 없는 한심한 상태에 놓입니다. 자원봉사까지 하고 있는 것이니까 상대에게 '가능성'이나 '보수'를 보여 줄 필요가 있습니다.

예를 들어 당신의 세계 정복 목적이 '돈'인 경우, 이것은 당신에겐 목적이지만 자원봉사자들에게는 미래의 가능성이나 보수가 됩니다.

'이런 것을 하면 틀림없이 많은 돈을 벌 수 있다.'는 것이 '가능성',

'성공했을 때에는 이만큼 좋은 것을 주겠다.'는 것이 '보수'입니다.

'과연, 그렇다면 틀림없이 돈을 벌 수 있겠군.'이라고 믿는 사람은 모이게 될 것입니다.

그러나 앞에서도 말했듯이 돈이나 이익만으로는 사람이 좀처럼 모이지 않습니다. 특히 악의 조직 같은 비합법 조직의 경우에는 '신념'이나 '이상 사회의 제시'가 없다면 동료를 모으는 단계부터 큰 어려움을 겪게 될 것입니다.

'레인보우맨'에 나오는 악의 조직 시네시네단은 일본인을 절멸시키는 것이 목적인 조직입니다. 그들의 주제가 '시네시네단의 테마'에는 "세계 지도에서 지워 버려라.", "황색 돼지 놈들을 쳐 죽여라!" 같은 엄청난 가사가 붙어 있습니다.

물론 일본인을 절멸시켜야 하기 때문에 활동 거점은 일본에 있습니다. 하지만 조직원으로 일본인을 고용할 수 없습니다. '일본인을 절멸시키자.'는 신념에 일본인이 찬성할 리가 없기 때문입니다. 결국 전부 외국인을 쓸 수밖에 없습니다. 그런데 외국인 공작원을 써서 일본에서 파괴 활동을 한다면 눈에 띄기 십상일 것입니다. 할 수 없이 시네시네단은 '일본인 장치'라는 것까지 만듭니다. 이것은 터널 형태의 기계로, 한쪽 끝으로 백인 남자가 들어가면 반대편에서 일본인이 되어 나오는 것입니다. 그렇게나 싫어하는 일본인으로 자신들이 개조되는 것입니다. 이것이 싫어서 그만두는 조직원이 줄을 설 것 같은데요.

이처럼 구체적으로 생각해 보면 '동료가 얼마나 잘 모일 수 있는가'하는 것은 대단히 중요한 요소입니다. 인류를 절멸시키자는 목적이라면 동료가 모이기는 상당히 어렵겠습니다.

옴진리교도 "인류를 멸망시키기 위해 모였습니다. 비디오 보러 오세요." 같은 식으로 권유한 것은 아닙니다. "고민이 있으시군요. 모두 함께 생각해 봅시다."라든가, "진짜 평화, 마음의 평화를 배워 보지 않으시겠습니까?"라는 것이 권유할 때 하는 말들입니다.

처음에는 천천히 교의를 가르치다가 마지막 단계에서 "세계를 위해서는 하르마게돈을 한 번 일으킬 수밖에 없습니다."라는 말도 안 되는 목적까지 유도하는 것입니다. 권유를 위한 입구만큼은 프렌들리해야 하는 법입니다.

"우리들 조직은 악의 조직입니다. 배신하면 사형입니다. 실패하면 숯덩이가 됩니다." 하는 식으로 정직하게 권유를 했다간 신입 모집은 정말 꿈도 꿀 수 없게 되겠지요.

자, 그럼 세계 정복을 위한 인재 모집 말입니다만, 숫자를 확보한다는 발상이 아니라 질을 높이는 방법도 있습니다. 처음부터 우수한 놈들만 조직원으로 선발하는 방법입니다.

'가면 라이더'의 쇼커는 스포츠 만능에 지능지수도 600인 혼고 타케시[63]라는 인물을 납치하여 개조합니다.

세계 정복을 계획하는 악의 조직이라면 소수 정예인 '악의 엘리트 집단'으로 만드는 편이 비밀 활동에도 많이 유리할 법합니다. 단, 수로 승부하든 질로 승부하든 인재를 모으는 데 비용이 필요하다는 점에는 변함이 없습니다. 아무런 재능이 없는 조직원이라도 사람을 모으면 모

---

63 혼고 타케시
스포츠 만능에 아이큐 600이라는 우수한 인간이었지만 그 때문에 악의 비밀결사 쇼커에 납치되어 개조당하는 '가면 라이더'의 주인공. 하지만 반에서는 항상 1등이 아니라 5등이 내였다니 역시 공부는 머리가 아니라 엉덩이가 하는 것이 맞는 듯하다.

을수록 비용이 듭니다.

보통 회사에서도 신입 사원을 한 사람 들이게 되면 그 비용이 의외로 큽니다. 우선 급료가 15만 엔 정도라고 합시다. 15만 엔의 급료를 지불하게 되면 그 뒤로 회사 측이 사회보험료의 50퍼센트, 후생 연금의 50퍼센트, 노동 보험의 70퍼센트를 부담하게 됩니다. 또한 통근 비용을 지급하네, 휴대전화를 지원하네 하여 이 녀석에게 드는 경비는 매월 20만 엔이 됩니다. 그것도 처음 3개월은 쓸 만하지가 않습니다. 대학을 막 졸업한 신입 사원은 전화[64]도 제대로 받지 못하기 때문에 한 사람 몫을 하기 위한 교육 시스템도 필요합니다.

이것을 악의 조직 입장에서 생각해 봅시다.

가령 월 2십몇만 엔이라는 금액으로 열 명을 고용하기만 해도 매월 2백몇십만 엔, 연간으로는 3천만 엔이 들게 됩니다. 100명이라면 3억 엔입니다. 이만큼이나 들어가는 조직의 비용을 어떻게 감당할까요?

만약 은행 강도를 한다 해도 오늘날에는 텔레비전이나 영화에 나오는 픽션같이 둘이서 할 수는 없습니다.

두 명이나 세 명으로 은행을 습격하는 것은 휴대전화나 시큐리티 서비스가 없던 시절의 이야기입니다. 지금은 카운터에 있는 모든 은행원의 손 근처에 비상벨 스위치가 있고, 은행 내의 손님이 휴대전화나 무선 인터넷 메일로 신고할지도 모릅니다. 뒷일은 운에 맡기고 그냥 되는대로 카운터에 있는 현금만 빼앗아서 도망칠 수도 있겠지만, 그건 그렇다 치고요. 아무리 그래도 이건 '세계 정복'을 꾀하는 조직이 계획하는 은행 강도란 말입니다. 은행 내부에 들어가서 모든 사람을 꼼짝 못

---

64 전화

일본의 비즈니스 전화 예절은 상당히 까다롭다. 본문에서 말하듯 일본인이라도 회사에서 전화 받는 법을 따로 배워야 할 정도.

하게 제압하기 위해서는 현장에 열 명은 필요하겠지요.

그리고 제압 후에는 은행에 새로운 손님이 들어오지 못하도록 도로를 자연스러운 형태로 봉쇄하거나 경비 회사의 차가 오지 못하도록 위장 도로 공사를 할 필요가 있습니다. 이로써 최소 필요 인원은 20명이 됩니다.

은행 강도를 할 때 가장 붙잡히기 쉬운 타이밍은 바로 도주 중일 때입니다. 도망칠 때에는 어떤 수를 써도 차가 보일 수밖에 없고 도주 방향을 목격당하기도 합니다. 그렇기 때문에 열심히 차를 갈아타고, 실행범과 현금을 각각 다른 루트로 이동시키고, 갈아탄 차도 빠르고 확실하게 처분해야만 합니다. 이 도주 경로 확보에 가장 많은 노력과 인원이 필요합니다. 아마도 20명 이상이 필요하겠지요.

여기까지는 당일에 필요한 인원일 뿐입니다. 그 이전에도 지하 터널을 파거나, 금고의 설계도를 입수하거나, 경비원의 교대를 확인하는 등 준비 기간에도 최소한 반년은 필요합니다. 인건비만으로 합계 1억5천만 엔이 들어가는 일입니다.

만약 예비 조사를 제대로 하지 않으면 기껏 은행을 습격했는데 마침 금고에 현금이 고작 50만 엔밖에 없다는, 눈물도 안 나오는 사태를 맞게 될 수도 있습니다.

덤으로 쇼커의 경우라면 전투복이나 장갑차나 무기도 지급할 필요가 있습니다. 무기나 차량은 지급하기만 해선 안 되고 훈련이나 정비 방법도 가르쳐야만 합니다. 총 경비는 2억 엔 정도로 생각할 필요가 있겠지요.

이만큼 투자했는데 목표로 삼은 은행에서 1억 엔 정도밖에 훔치지 못한다면 눈물도 말라 버립니다. '악의 조지이 저자로 도산'과 같이 자리에 드러눕고 싶을 정도로 꼴불견인 사태만큼은 어떤 수를 써서라도 피하고 싶겠지요.

자, 이것이 '혼고 타케시의 개조'라는 빅 프로젝트인 경우에는 좀 더 엄청난 금액이 됩니다.

쇼커는 개조 인간을 하나 만드는 데 천문학적인 경비와 세계 최고의 과학기술을 사용합니다. 당연히 그 모체가 되는 인간의 선택은 진지하고 신중하게 이루어졌을 것입니다. '지능지수 600이상, 스포츠 만능'의 실력을 갖춘 우수한 인재가 누구인지 조사부터 시작해야 합니다. 아직 컴퓨터도 없었던 시절, 1억2천만 명의 일본인 중에서 지력, 체력이 우수한 인물을 서류 선별하는 데에는 100명의 조직원이 1년은 걸릴 겁니다. 이 조사만으로도 3억 엔 정도의 인건비가 필요합니다.

다음으로는 빠르게, 눈에 띄지 않게, 확실하게 납치하는 방법을 생각해야만 합니다. 네 사람을 써서 3개월 정도 미행한 후, 행동 패턴을 파악했다 싶으면 단숨에 유괴하도록 합시다. 여기에 천만 엔 정도 들어갈 것 같습니다.

정말 어려운 것은 수술입니다. 우수한 의학자와 로봇 공학자에게 연구를 시켜서 마침내 완성한 전투 사이보그 수술을 진짜로 실시합니다. 연구, 개발에는 적게 잡아도 수백억 엔에서 1조 엔 정도, 수술 자체에도 몇억 엔은 드는 것이 인체 개조입니다. 이 기술을 일반인용으로 바꾸어 시장에 내놓으면 순식간에 수조 엔은 벌 수 있겠지만, 전투 사이보그 기술이 세상에 유출되면 가장 중요한 세계 정복을 할 수 없게 됩니다.

여기까지 오면 마침내 필살 병기 '가면 라이더'가 탄생합니다. 아마도 이다음은 각 기능의 검사와 훈련을 반복하여 기능에 잘 맞는 침략 계획을 세우는 단계였을 것이라 생각합니다.

그랬는데 가면 라이더는 쇼커에게서 도망치고 만 것입니다. 투자 금액만으로도 엄청난 손해를 봤겠지요?

도망치는 것도 모자라서 쇼커의 적이 되어 버립니다. 쇼커 수령이나 경리 담당자는 얼마나 분통이 터졌을까요? 그 마음을 헤아리고도 남습니다.

자, 말단 조직원 중에서 필살 병기를 대신할 인재를 확보했다고 해도 그것만으로는 아직 부족합니다. 모인 조직원 중에서 간부 후보를 뽑아 키울 필요가 있습니다. 그러지 않으면 자신이 전부 판단하고 명령을 내릴 수밖에 없기 때문입니다.

처음에는 그렇게 한다 쳐도 조직이 커지고 세계 정복이 진행되면 진행될수록 업무량이 막대해집니다. 결국 요미님과 같이 과로로 쓰러지게 됩니다.

"어떻게 할까요? 어떻게 할까요? 요미님, 일어나 주십시오."와 같은 상황에 빠지게 될 것이고 따라서 잘 수도 없게 되니 도저히 버틸 수가 없습니다.

그렇기 때문에 모인 사람들 중에서 머리가 좋아 보이는 녀석을 선택하여 간부로 만들 필요가 있는 것입니다. 그렇게 몇몇을 간부로 만들면 남은 동료들 입에서 "왜 저놈만?"이라든가 "수령은 같은 고향 사람만 편든다." 같은 소리가 나오게 되는 것은 뻔한 일. 또 이것을 달래고 혼내고 하면서 조직을 이끌 필요가 있습니다.

'과학닌자대 갓차맨[65]'이라는 애니메이션에 나오는 악의 조직 이름은 게렉터라고 합니다. 아마도 애니메이션 사상 최대 규모의 조직으로 전 세계에 몇백 개나 되는 기지를 가지고 있습니다.

게렉터 대원은 급료를 받습니다. 게렉터의 아이들을 위한 설탕 공장이 있고 여기서는 케이크를 만듭니다. 크리스마스에 게렉터의 아이들은 모두 그 케이크를 먹을 수 있습니다.

게렉터의 섬이라는 곳이 있고 그곳에는 전부 게렉터의 가족들이 살고 있습니다. 가족들은 자신의 남편이나 아버지가 게렉터라는 것을

---

65 과학닌자대 갓차맨
국내명 '독수리 오형제'로 더 유명한 TV 애니메이션 시리즈. 원작은 1972년부터 1974년 사이에 방영되었다. 여자가 끼어 있는데 오형제라고 통일시키는 파렴치함은 요즘이라면 여성부의 항의를 받아도 이상하지 않다. 게다가 독수리는 1호인 건이뿐이고 나머지는 독수리도 아닌데 모두 뭉뚱그려 '독수리 오형제'다. 개성을 존중치 않는 시대의 아픔을 엿볼 수 있다.

모르고 평화롭게 살고 있습니다.

　게렉터의 섬에서 태어난 아이들은 전원 모두 자동으로 게렉터 조직에 등록되며 일정한 나이가 되면 입대를 해야만 합니다. 니트[66]나 히키코모리[67]는 용서받지 못합니다. 아이 시절부터 저장해 놓은 데이터가 있으므로 간부 후보생을 선택하는 것도 비교적 간단한 일입니다.

　이렇게 게렉터처럼 신입을 지속적으로 입대시키고 육성하는 시스템이 없는 한, 세계 정복이라는 원대한 목표는 달성할 수 없을지도 모르겠습니다.

---

66 니트
NEET. Not in Employment, Education or Training. 일하면 지는 거라고 생각하는 사람들. 일본식 영어이기 때문에 영어권 국가에서 NEET라고 하면 못 알아듣는다. 한국의 대표적인 니트로는 허생이 있다. 의미는 다르지만 비슷한 표현으로는 잉여인간.

67 히키코모리
은둔형 외톨이. 니트는 밖에서도 노는데 히키코모리는 방에서만 논다.

3.
3단계_자금 조달과 설비 투자

다음으로 필요한 것은 세계 정복을 위한 자금입니다.

조직원을 모으는 것만으로도 돈이 든다고 이야기했습니다. 그 외에도 세계 정복을 위해서는 비밀 기지를 만드네, 무기를 사네, 도청 장치나 스파이 등 정보 시스템을 확립하네 해서 돈이 바닥을 모르고 들어가게 됩니다. 자금 규모에 따라서는 기지도 버전업 할 수 있습니다. 처음이라면 몰라도 악의 비밀결사 요원들이 언제나 맥도날드에서 모일 수는 없는 법입니다. 학교 교실도 안 됩니다. 기숙사의 자습실도 안 됩니다.

우선 아파트나 원룸 맨션을 빌리는 것이 첫 번째 걸음이라고 할 수 있지 않을까요?

자원봉사자가 늘어나면 그만큼 넓은 공간이 필요해지기 때문에 빌딩 한 층을 빌려서 옮기게 됩니다.

그렇지 않아도 조직에는 자원봉사자가 많으니까 교통이 편리하고 모두가 모이기 쉬운 장소가 좋겠습니다. 시내 중심부는 월세가 비싸니까 그럭저럭 괜찮은 장소를 잡는다면, 도쿄의 경우에는 아사가야나 코엔지[68] 정도가 아닐까요?

돈을 벌어서 여유 자금이 생기면 빌딩을 세웁시다. 외관은 평범한 빌딩이지만 안으로 들어갔더니 비밀결사다운 디자인으로 되어 있더라는 얘기라도 듣는다면 조직원의 의욕도 올라갑니다. 미대 출신의 조직원에게 명령하여 황금 해골상 같은 조형물을 입구에 세워 두는 것도 좋겠군요.

모처럼 만든 '악의 비밀결사'이니까 최종적으로는 산속이나 해저에 비밀 기지가 있었으면 좋겠다는 생각이 들 것입니다.

무엇보다도 거대 로봇이나 전투기를 숨길 장소가 필요합니다. 우선은 기지를 제대로 만든 뒤에 로봇을 만들어야 합니다. 그러지 않으면 바닥이 무너지거나 전력이 부족하여 기동시키지 못하는 큰 문제가 생길 수 있습니다. 전투기나 로봇을 만드는 데에도 돈이 들고 그것을 세워 둘 장소를 확보하는 데에도 막대한 돈이 드는 것입니다.

그 정도로 엄청난 자금을 만들기 위한 첫걸음으로는 무엇부터 시작하면 좋을까요?

우선 처음에는 찬성자에게 기부를 받아 볼 수 있습니다. 무대 뒤에서 세계를 조종하고 싶어 하는 기업의 오너 같은 큰 부자들에게 후원받는 것은 상당히 괜찮은 방법입니다.

찬성자를 많이 얻을 수 있는 이념이 있는 경우에는 이 방법이 쓸 만하다고 할 수 있습니다.

---

68 아사가야나 코엔지
아사가야, 코엔지는 둘 다 도쿄 중심부에서 그렇게 멀지 않으면서 상대적으로 집값이 싼 곳들이다. '에반게리온 신극장판' 스태프롤에 '스기나미구 코엔지 중학교'가 취재 협력으로 등장한다.

시네시네단은 "일본인이 더 넘어오면 백인 모두가 곤란하겠지요?"라고 말하면서 유태계의 재벌 등에게 기부를 받았습니다. 그 덕분에 잠수함이나 제트기, 땅 밑에서 움직이는 드릴 전차, 인간을 사이보그화하는 약 등 여러 가지 병기를 개발할 수 있었습니다.

기부에 의존하지 않는 경우에는 돈을 최대한 빠르게 손에 넣을 필요가 있습니다.

손쉬운 것은 은행 강도입니다. 은행 강도도 너무 큰 액수를 취하지 않도록 주의가 필요합니다. 예를 들면 일본은행 같은 은행에서 국가 예산 급의 금액을 훔치게 되면 어떻게 될까요? 순식간에 그 나라의 자본주의 경제는 붕괴하고 통화는 국제적인 신용을 잃게 됩니다. 모처럼 손에 넣은 돈의 가치가 눈 깜짝할 사이에 종이 다발 정도의 가치로 폭락하게 됩니다.

마찬가지 이유로 위조지폐를 만드는 것도 추천할 수 없습니다. 악의 조직이 자금원으로 사용할 수 있을 정도로 많은 위조지폐를 만들어 버리면 눈 깜짝할 사이에 하이퍼인플레이션이 시장을 덮치겠지요.

인플레이션은 무섭습니다. 가장 극심했던 인플레이션으로는 제2차 세계대전 후의 헝가리가 유명합니다. 최악의 시기에는 무려 1해 펭괴짜리 지폐까지 발행되었다고 합니다. 참고로 1해는 1조의 1만 배의 1만 배입니다.

자금을 모으기 위해 악의 조직이 자주 하는 일은 '가짜 조직을 만드는 것'입니다. 조직 폭력배도 그렇고 옴진리교도 마하 포셔[69]라는 PC 숍이나 '맛나겠지 값싸겠지 식당[70]'이라는 패밀리 레스토랑 비슷한 것을 만들어서 돈을 벌었습니다. 이처럼 정당한 방법으로 돈을 버는 수도 있습니다.

'묻지도 따지지도 말고 은행 강도'라는 것은 쉽게 떠오르는 생각이기도 하고 남자의 로망이기도 하지요. 마음은 이해가 되지만 단 한 번이라도 은행 강도를 하게 되면 국가 경찰에게 찍히는 것을 피할 수 없습니다.

여러분이 이뤄 내야 하는 세계 정복은 꾸준하게 몇 년의 시간을 들여야 합니다. 동료를 모아서 묻지 마 은행 강도를 하면 그건 악의 조직이 아니라 단순한 강도단입니다. 함부로 나쁜 짓을 해서 경찰의 표적이 된다면 조직이 시원하게 쓸려 나가는 것도 시간문제입니다.

악의 조직이라 해도 맨 처음 시점에서는 성실하게 돈을 모을 수밖

---

69 마하 포셔
옴진리교가 운영한 PC 체인점. 옴진리교는 수행을 명목으로 자신들의 사업에 신자들을 아주 낮은 인건비로 고용했고, 이를 바탕으로 많은 이익을 보았다. 음식점 같은 경우에는 문제가 없었는데 PC를 모르는 신자를 고용하여 PC 사업을 하다 보니 A/S에 있어서는 형편없는 곳이라고 널리 알려졌다고 한다.

70 맛나겠지 값싸겠지 식당
마하 포셔가 오픈한 돈코츠 라면 체인점. 하르마게돈이나 보아 카레처럼 자신들의 종교 용어를 사용한 이상한 메뉴가 있었다. 처음에는 옴진리교와의 관계를 숨기고 영업했지만 지하철 사린가스 사건 이후로 옴진리교의 관련 기업임이 드러나자 대놓고 옴진리교를 홍보하였다.

에 없는 것입니다. 마치 조직 폭력배가 유령 조직을 만드는 것처럼 돈을 모아야만 합니다

성실하게 열심히 돈을 법시다.

그러나 여기서 한 가지 유혹이 있습니다. 돈을 가능한 한 많이 벌기 위해 어떻게 하면 좋을까요? 악의 조직, 뒷세계 조직으로서 활동을 하는 것보다 평범하게 일하는 쪽이 돈을 더 많이 벌게 된다면 일이 상당히 미묘해집니다.

여러 가지 악의 조직과 자금 모으기

● '전국마신 고쇼군71'이라는 상당히 오래된 애니메이션이 있습니다. 악의 조직이 도쿠가72라는 주식회사입니다. 악의 조직인 주제에 기업입니다.
비합법적인 활동을 하는 회사인데 물론 작전이 실패하는 경우도 있습니다. 실패한 경우에는 피해 금액이 합산되며 작전 담당 간부는 그것을 지불해야만 한다는 상당히 별난 애니메이션이었습니다. 극중에서는 "대출도 가능!"이라는 대사도 있었습니다.

● 이것 참 잘 만들었는데 싶었던 것은 '사이보그 009'의 블랙 고스트, 검은 유령이라는 조직입니다. 원래는 '죽음의 상인'이라는 이름이 붙은 무기상이었으나 무기를 파는 것만이 아니라 전쟁의 프로듀스도 시작했다고 합니다. 그렇기 때문에 혁명을 시도하려는 곳이 있다면 그곳에 무기를 싸게 빌려 주고 장기 대출도 지원합니다. 이렇게 세계에 전쟁이 끊이지 않도록 만들어서 수입 또한 끊이지 않도록 하는 것입

---

71 전국마신 고쇼군
1981년에 제작된 로봇 애니메이션. 국내 해적판 제목은 '챌린저'. 로봇보다는 캐릭터에 주목하게 되는 이상한 애니메이션. "우주 스페이스 넘버원! 전국마신 넘버원!"이라는 흥겨운 가사의 오프닝이 일품으로 유튜브에서 꼭 찾아보도록 하자.

72 도쿠가
'전국마신 고쇼군'에 등장하는 비밀 조직. 전 세계의 군사, 경제를 장악하는 것이 목적이다. 도쿠가라는 이름은 일본 전국시대를 통일한 도쿠가와에서 따온 것이다.

니다. 이것은 현실적인데다 정말로 있을 법한 이야기로, 어린이용 만화 잡지의 '악'
에 대한 설정으로는 상당히 리얼했습니다.

● '하늘을 나는 유령선73'이라는 옛날 토에이74 애니메이션에 나오는 '보아75'라
는 조직이 있습니다. 이건 정말 뭐가 뭔지 알 수 없었습니다. '에반게리온76'에
필적할 만큼, 아니, 그 이상으로 무슨 소리인지 알 수 없었습니다.
애니메이션에서는 보아 주스라는 주스의 선전이 끊임없이 나옵니다. '보아'라는 것
은 악의 대명사라고 해야 할까요. 어쨌거나 악의 수령 이름인데 그 보아의 정체를
알 수가 없습니다. 하지만 그놈이 만든 보아 주스를 너무 많이 마시면 몸이 녹습니
다. 그런 공포의 주스를 팔고 있는데 정체를 알 수가 없다는 겁니다.

그러다 주인공은 어느 순간 번뜩 깨닫는데 '맛있다, 편리하다면서 이 보아 주스를 사
서 보아에게 자금을 대 주고 있는 우리들 자신이 보아의 정체였다!'라는, 뭔가 원인
도 결과도 알 수 없는 선문답 같은 이야기였던 것입니다.

당시 토에이의 동화 연출 스태프에는 좌익 인텔리가 많았던 탓인지 자본주의나
경제주의 같은 것이 나쁘게 보일 수 있도록 많은 고민을 한 흔적이 있습니다.

그러나 애니메이션이었기 때문에 마지막에는 '그림'으로 악의 정체를 보여 줄 수밖

---

73 하늘을 나는 유령선
1969년에 토에이에서 제작한 극장용 애니메이션. 어린이용 영화였음에도 거대 기업
이 이익을 위해 정부를 뒤에서 조종한다거나 TV의 정보 조작과 같은 정치적인 내용
이 많이 표현되어 있었다.

74 토에이
토에이 애니메이션 주식회사. 1960년도부터 많은 애니메이션을 제작했다.

75 보아
'하늘을 나는 유령선'에 등장하는 흑막. 보아와 결탁한 세력은 쿠로시오 기업이라고
한다. '에반게리온'에는 '쿠로시오 물산'이 만든 '보아 맥주', '보아 주스'라는 오마주가
있다.

76 에반게리온
1995년에 만들어진 가이낙스의 TV 애니메이션. 감독은 안노 히데아키. 겉은 차갑지
만 속은 여린 소녀인 소류 아스카 랑그레이가 자폐아 전차남 이카리 신지를 전차에서
내리게 하는 훈훈한 내용. 하지만 감독의 의도와는 정반대로 이 작품 때문에 수많은
사람들이 전차에 올라탔다. 2010년 현재 신극장판 제작 중.

에 없었습니다. 그래서 마지막에 나온 보아의 정체가 뭔가 하면 그게 조개였습니다. 대합이었죠, 대합. 마지막에 거대한 대합이 나와서 "답했다!"고 외치는, 상당히 초현실적인 느낌이 드는 엔딩이었습니다.
애니메이션이나 만화에는 정말 여러 가지 악의 조직이 있는 것입니다.

'오스틴 파워[77]'라는 영화에서 그런 설정이 나왔기 때문에 소개하도록 하겠습니다.

영화 '오스틴 파워 디럭스'에서

시애틀의 중심에 있는 닥터 이블의 본부. 악의 수령 닥터 이블에게 최고 간부 No.2가 보고를 하고 있다.

No.2 "이블님, 수년 전에 우리들이 투자한 작은 커피 회사가 지금은 스타벅스라는 최고급 커피를 적당한 가격으로 제공합니다. 만약 우리가 세계 정복을 위해 준비한 자금을 스타벅스의 경영으로 돌리면 순식간에 이익이 다섯 배가 됩니다!"

이블 불쾌한 듯이 "보스는 나다. 내가 정한다."

No.2 마지못해 물러난다.

'오스틴 파워 디럭스', 제이 로치 감독, 1997년

---

77 오스틴 파워
1997년 영화. '007' 시리즈의 패러디 영화로 많은 인기를 끌었다.

악의 수령 닥터 이블은 '나쁜 짓'이 너무 좋은 사람입니다. 일반적인 나쁜 사람의 차원을 넘어서 일부러 '나쁜 짓'을 하고 싶어 하는 악한 인 겁니다. 하지만 부하 입장에서는 자금을 모으기 위해 시작한 여러 가지 프로젝트 쪽이 더 중요합니다.

우수한 간부인 No.2가 "세계 정복같이 쓸데없는 데 돈 낭비만 안 하면 이만큼 벌 수 있습니다." 같은 식으로 열심히 설득하는데도 그 뒤에 "안 돼!"라는 소리만 듣게 됩니다.

결국 스타벅스 같은 전 세계의 평범한 기업을 운영하면서 번 돈으로 닥터 이블은 미사일이나 핵무기를 사고 지구 중심에 구멍을 낼 미사일을 개발합니다. 그것을 사용해서 세계를 위협하는 건 좋았지만 마지막에는 오스틴 파워에게 패해 우주로 도망칩니다.

닥터 이블이 우주에서 냉동 수면에 들어간 사이에 충실한 부하들은 파괴된 조직을 다시 세우고 열심히 일해서 돈을 모읍니다. 마침내 산하의 기업 운영이 궤도에 올라 돈을 신나게 벌어들이기 시작할 무렵, 닥터 이블이 돌아와 다시 나쁜 일을 계획합니다. 그러나 그가 생각한 어떤 강도나 협박보다도 산하 기업이 돈을 더 잘 버는 것입니다.

영화는 상당히 과장된 코미디 터치로 그려져 있습니다만, 여기에는 놓칠 수 없는 테마가 숨어 있습니다.

'세계 정복을 이루어서 사치스럽게 살고 싶다.'고 생각하는 경우, 만약 정복 도중에 경제적으로 성공하게 되면 어떻게 할 것인가? 세계 정복은 '돈이 드는 꿈'이라는 걸 인정하고 평범한 부자가 될 것인가, 그렇지 않으면 다 털릴 각오로 남자의 꿈을 선택할 것인가?

은행 강도든 뭐든 사실 비합법 수단이라는 것은 효율이 나쁩니다. 범죄는 대규모, 장기간이 되면 될수록 이익이 크게 줄어드는 비즈니스라서 말입니다.

그것보다는 '그 정도 능력이 있고 머리가 돌아간다면 합법적으로 모으는 쪽이 더 빠를 수 있다.'는 것을 어느 날 퍼뜩 깨닫게 됩니다. 원래는 호화롭게 살기 위해 세계 정복에 뜻을 세우고 악의 조직을 만든 것일 텐데, 그 도중에 '정복'이라는 것을 안 해도 돈이 신나게 벌린다면 어떻게 해야 할까……

굉장한 고민이 필요할 것 같습니다. 그러나 지금의 목적은 일단 '세계 정복'이므로 여기서 마음을 강하게 다잡길 바랍니다. 마음속에 있는 '정말로 세계를 지배하고 싶다.'는 모티베이션이 내려가지 않도록 헝그리 정신을 꽉 붙들기 바랍니다.

사치에 빠져서 꿈을 잊고 "너, 꿈은 어떻게 된 거야?"라고 어릴 적 친구에게 추궁당하는 히어로가 있는데, 악의 수령이라고 해도 마찬가지입니다.

세계 정복의 꿈을 끊임없이, 확실하게 가지시기 바랍니다.

4.

4단계_작전과 무장

동료도 모였고, 자금도 확보했고, 기지도 만들었습니다. 그러면 이제 드디어 작전을 세울 단계입니다.

자, 세계 정복 초심자가 처음에 생각하는 것, 무심코 하고 싶어지는 일이지만 절대 하면 안 되는 것들을 소개하도록 하겠습니다.

특촬 방송 같은 것을 보면 "○○이라는 사건을 일으킨다. 이 사건으로 세계를 혼란에 빠뜨리고 그 혼란을 틈타서……."라고 말합니다만, 이건 죽어도 안 됩니다. '사회를 혼란에 빠뜨린다.'는 것과 '그 틈에 세계를 빼앗는다.'는 것은 논리적으로 아무런 관계가 없기 때문입니다.

가까운 예를 들어 설명하자면 '학교를 혼란에 빠뜨린다.'는 것은 가능해도 '그 틈에 기말시험 학년 톱을 차지한다.'는 것은 전혀 다른 문제인 것입니다.

자신감 넘치는 말에 속아 넘어가면 안 됩니다.

예를 들어 '강력한 태풍의 상륙'이라든가, '땅이 꺼지는 지진의 발생'이라든가, '하천의 범람' 같은 천재지변이 일어났다고 합시다. 당연히 그 지역은 큰 혼란에 빠집니다. 하지만 그 혼란을 틈타 정복을 하려는 사람은 없습니다. 큰 화재가 난 뒤 불탄 벌판을 넋 놓고 바라보는 사람들에게 가서 "하하하, 혼란을 틈타 지배해 주마."라는 말을 해 봤자 아무런 의미가 없습니다.

지배라는 것은 옛날 체제를 파괴하거나 이전의 지배자를 쓰러뜨린 뒤 자신이 새로운 체제를 만들어 내는 것입니다. 필요한 것은 혼란이 아니라 새로운 질서로 순조롭게 넘어가는 것입니다. '혼란을 틈타는' 방식으로는 유치원 버스를 습격한다든지, 저수지에 독극물을 살포한다든지 하는 전형적인 타입의 작전이 여러 가지 있습니다만 전부 헛수고이니까 포기하도록 합시다. 저수지에 독극물을 살포할 거라면 어디까지나 과시용으로 협박을 해서 돈이나 무기를 요구하는 방법이 효과적입니다.

'악의 기상'을 가진 부하들이 "일단 위협용으로 한 방 날리지요."라고 주장할지도 모르겠지만 진짜로 했다가는 사회가 혼란에 빠집니다. 사회가 혼란에 빠지면 할 수 있는 지배도 할 수 없어집니다. 지배를 하기는커녕 조직 내부도 혼란해집니다.

우리들 악의 조직원에게도 가족이 있는 법입니다. 나이 드신 양친이나 아내, 아이들도 있겠지요. 아내는 아이들을 사립 유치원에 보내고 싶어 하다가 이제야 막 입학시킨 참인지도 모릅니다. 별생각 없이 유치원 버스를 점거했는데, 그곳에 자신의 아이가 타고 있을지도 모르는 것입니다. 그럴 때 얼굴을 보여 주면서 "아빠다. 안심해."라고 할 수는 없습니다.

설령 출세가 보장되어 있다고 해도 유치원 버스를 습격하는 역할은 맡고 싶지 않다는 분위기가 조직과 부하들 사이에 퍼져서 당신을 향한 충성심이 낮아질지도 모릅니다. 작전은 신중하고 합리적으로, 사회적 지위와 체면을 고려할 필요가 있습니다.

작전을 세웠다면 다음에 필요한 것은 무장입니다.

우선 조직원 전원에게 권총 한 자루 정도는 다 차고 다니게 하고 싶은 법입니다. 토카레프[78] 같은 구소련제 무기는 조악한 모조품이 많고 폭발 사고가 끊이지 않습니다. 총을 맞는 쪽보다 쏘는 사람이 더 위험하다는 웃지 못할 이야기가 나올 정도입니다.

역시 유명한 브랜드의 총기를 구입하는 것이 바람직합니다. 그러나 일본에 본부를 둔 경우에는 '밀수'를 통해 구할 수밖에 없습니다. 로스앤젤레스의 총포상에서 사면 2만 엔 정도인 권총에 열 배 이상의 가격을 지불하는 건 아깝다는 생각이 듭니다.

원래는 세계 정복의 자금을 모으기 위해 총이 필요한 것입니다. 그런데 그 총을 손에 넣기 위해 돈이 필요하다는 이야기가 나오게 되면 정말 곤란해지는 겁니다. 그러나 안심하시기 바랍니다. 좋은 방법이 있습니다. 이것이 발표되었을 때, '이 방법이 있었나!'라고 악의 업계가 떠들썩해진 '터미네이터 방식'을 소개합니다.

우리들이 생각하는 악의 조직은 은행 강도 같은 것을 꾸밉니다. 하지만 은행 강도 같은 것을 할 때가 아니란 말입니다. 은행을 습격해도 결국 엄청 비싼 값을 주고 권총을 살 수밖에 없습니다. 정말로 효율이 나쁩니다!

---

78 토카레프
구소련제 권총. 소련제 무기답게 투박하고 구조가 단순한 것이 특징인데 단순하게 만들다 못해 안전장치를 빼고 만들었다. 일본에서는 야쿠자가 밀수입해서 사람을 쏘다 보니 유명해진 총.

권총 등록에
2주 걸립니다

영화 '터미네이터'에서
알라모 총포상에 들어온 터미네이터

터미네이터 "12번 게이지의 자동 장전 총……, 레이저 조준기 달린 45구
경……, 우지 9mm 자동소총……."

점주 "손님, 총에 대해 빠삭하시구만. 어떤 걸로 하시겠소?"

터미네이터 "전부."

점주 "……오늘은 이제 문 닫아도 되겠구만!"

터미네이터가 연방 주문을 하자 점주는 완전 기분이 좋다. 좋아하는 점주
를 무시하고 터미네이터는 갑자기 총에 실탄을 장전한다.

점주 황급히 "아, 안 돼!"

터미네이터 "돼!"

탕!
점주는 총을 맞고 죽었다. 터미네이터는 총을 손에 넣었다.

'터미네이터', 제임스 카메론 감독, 1984년

무기 조달을 위해 먼저 습격해야 할 곳은 군대나 총포상입니다. '터미네이터'라는 영화는 지금까지 누구도 생각한 적이 없는 맹점을 정확하게 찌릅니다. 모두 영화관에서 도를 깨우칩니다. 박수를 치면서 '이 방법이 있었군!'이라고 마음속으로 외치게 됩니다.

자, 그럼 다른 무장 수단을 생각해 봅시다.

무기를 훔치는 것만큼 신속하고 멋지지는 않지만 견실한 방법으로는 '과학자를 유괴하는 것'이 있습니다. 그 분야에 우수한 과학자를 유괴한 뒤, 예를 들자면 로봇을 만들게 하거나 개조 인간을 만들게 하는 방법입니다.

훔쳐 온 무기만 가지고 세계 정복을 하는 건 역시 무리입니다. 일단 훔친 것이니까 수량도 한정되어 있고 평범한 무기밖에 얻을 수 없습니다. 전 세계 그 누구도 알지 못하는 필살 병기가 가지고 싶겠죠? 넘치는 연구비를 건네주면 기뻐서 금단의 병기를 개발할 과학자가 의외로 많을지도 모릅니다.

단, 애니메이션이나 특촬 방송에 많이 나오는 '전투 로봇을 만들게 한다.'는 것은 현실성이 없습니다. 저 북한도 대포동 미사일이나 핵무기 같은 것은 개발했지만 로봇은 개발하지 않고 있습니다. 남미나 중동에 있는 정치권이 불안한 나라, 유럽의 민족 분쟁이 격렬한 지역에서도 게릴라들이 과학자를 납치해서 거대 로봇을 만들고 있다는 이야기는 들은 적이 없습니다.

거대 로봇이라는 것은 그 정도로 '쓸 데가 없는 것' 같습니다. '우리 조직에도 거대 로봇이 있었으면 좋겠다!'는 마음은 알겠습니다만 세계 정복을 할 때에 무엇보다 중요한 것은 꿈보다 현실성입니다. 거대 로봇은 포기하는 쪽이 좋을 것 같습니다.

그럼 '현실성 있는 무기'가 무엇인가 하면, 가격이나 규모로 보았을 때 독가스나 생화학 무기 정도를 후보로 들 수 있습니다. 개발비도 적당하고 효과도 뛰어납니다. '가난한 자의 핵무기'라는 비유대로 옴진리교가 사용하여 심각한 피해를 낸 것은 이미 잘 아시는 대로입니다.

그러나 생물병기는 상당히 섬세하고 신중하게 다뤄야 합니다. 강에 풀었을 때 하류로 10미터만 흘러 내려가면 효과가 거의 없어지는 것도 있습니다. 예상대로 성과를 내는 것이 상당히 어렵습니다.

그 점에서 신경가스는 낫습니다. 설비 투자에 돈이 좀 듭니다만 옴진리교의 경우처럼 이과 대학생도 만들 수 있기 때문에 난이도는 상당히 낮다고 봐도 되겠습니다.

제1단계는 총포상을 습격한다.

제2단계는 이과 계통 사람들을 몇 명 데려다 독가스 만드는 법을 연구시킨 뒤 개발한다.

세계 정복을 위한 무장은 이 정도로 시작하는 것이 괜찮을 것 같습니다.

5.
5단계_부하의 관리와 숙청

자, 작전을 세우고 무장하여 사회에 싸움을 걸었습니다.

갑자기 한 방에 세계를 정복할 수 있을 리가 없으니 처음에는 작은 싸움을 거듭해 나갈 수밖에 없습니다.

선전과 고지

조직원도 상당히 모였습니다. 자금도 어느 정도 생겼습니다. 기지도 세웠고 무장도 했습니다. 여기까지 오면 이제야 세계를 향해 공격 선언입니다.

방송국을 습격하여 전 세계에 동시 중계하는 것은 어떻습니까? "전 세계 여러분 처음 뵙겠소. 우리는 악의 조직 디스트로이올시다." 이런 말을 하고 싶어지지 않습니까?

아쉽지만 포기하는 것이 좋습니다. 이런 짓을 하게 되면 여러분을 방해할 '정의'가 반드시 나타납니다.

헬멧 쓰고 모터바이크를 탄 정의의 히어로라면 한 명이든가 많아도 열 명 미만입니다. 그런 경우에는 그놈들에게 들키지 않는 곳에서 나쁜 짓을 하면 됩니다.

그러나 보통은 '정의의 히어로'가 아니라 경찰이 옵니다. 사실 이 경찰이나 공안 같은 조직은 '정의의 히어로'보다 엄청나게 귀찮습니다.

우선 국가에 소속돼 있는 조직이기 때문에 자금도 인재도 풍부합니다.

우리들 악의 조직은 미행하는 데에도 경비가 얼마가 들지 생각해야만 하는데, 그들은 세금을 펑펑 써서 자기들 하고 싶은 대로 전부 다 합니다. 전화 또한 24시간 365일 감청하는 것도 서슴지 않습니다.

전화 회선 하나당 1일 3교대, 주마다 이틀 휴무로 감청하는 데 연간 1천2백만 엔 정도의 인건비가 필요합니다. 감청할 회선을 수령이나 대간부같이 중요한 회선만 골라서 열 개 정도로 줄인다고 하더라도 연간 1억2천만 엔은 필요합니다.

단순한 '정의의 히어로'나 우리들 악의 비밀 조직 입장에서는 그렇게 사치스러운 짓은 죽어도 할 수가 없습니다. 그러나 경찰이나 공안에게는 끽해 봐야 아침 운동 정도입니다. 증거가 차례차례 들통 나게 되고 핵심 간부는 물론이며 당신까지 체포장을 받게 될 수 있습니다.

세계 정복을 한 다음이라면 체포장 따위는 콧바람으로도 날려 버릴 수 있습니다. 그러나 조직이 이제 막 시작한 단계에서 움직임이 자유롭지 못하게 되면 크게 불편합니다. 가령 해외 지부에 가려고 한다고 해 봅시다. 여권 발급을 거부당할 것이고, 일반 항공편을 쓸 수 없으니 자기 회사에서 구입한 비행기로 여러 나라의 레이더망을 피해서 이동하는 대단히 비효율적인 일을 할 수밖에 없습니다.

보통 기업이라면 아무런 문제가 없을 '간부가 직접 만나는 회의'가 조직의 존망을 걸어야 할 일대 작전이 되고 맙니다.

조직명도 중요합니다. 은행 계좌 명을 '디스트로이'로 만들면 안 됩니다. "디스트로이 씨 5번 창구로 오시기 바랍니다." 하는 식으로 안내를 받으면 일 납니다. 물론 '제노사이드'도 안 되겠지요.

싸움이라는 것은 이길 때가 있으면 질 때도 있습니다. 전면적인 승리는 상당히 드물겠지요.

'은행을 습격하여 100억 엔을 빼앗자.'는 목표를 세우고 습격했지만 금고에 2억 엔밖에 없을 수도 있습니다.

은행이 아니라 보석상을 습격한 것까지는 좋았는데 총액 20억 엔어치의 다이아몬드를 어둠의 루트에서 돈으로 바꿨더니 2백만 엔밖에 안 되더라고 할 수도 있습니다. 겪어 보신 분들은 알고 있겠지만 다이아몬드란 건 '살 때가 가장 비싸고 팔 때는 가장 싼' 물건입니다.

그렇기 때문에 악의 조직도 보통 기업과 마찬가지로 작전을 끝낸 다음에는 프로젝트를 반성하는 회의를 가져야 합니다.

악의 조직이 프로젝트 반성 회의? 진짜로?

놀라시겠지만 특찰 방송 '레인보우맨'에는 시네시네단이 반성 회의를 가지는 장면이 있습니다. 정말 진짜로 '레인보우맨'에는 안 들어 있는 게 없습니다.

"한 명이 100명을 죽일 때까지 돌아오지 마라."

명언입니다. 어쨌든 악의 조직이니까요. 하지만 그래도 합계 4백 명밖에 되지 않습니다.

일본인은 하루에 5천 명이 새로 태어나니 미스터 K의 절망감이 얼마나 컸겠습니까?

"이래선 평생 가도 일본인을 절멸시킬 수 없다!"

조직의 목적이 위대하고 웅대할수록 미스터 K 같은 절망을 느낄 때가 있습니다. 반성은 필요하지만 역시 목표는 현실적으로 잡아야 합니다.

'레인보우맨' 제7화에서

일본인 절멸을 꾸미는 악의 비밀결사 시네시네단. 도쿄에 위치한 패션 숍 '케이'의 지하에 그들의 비밀 기지가 있다. 기지 안에는 간부들 앞에서 설교하는 수령 미스터 K가 있는데.

미스터 K "멍청한 놈! 하루 동안 작전을 펼쳤는데 고작 열두 명이라니, 게을러빠진 것도 정도가 있어야지! 일본인 하루의 출산 수는 몇이냐?"

비서 "약 5천 명입니다."

미스터 K "5천 명! 어때, 잘 들었나? 이래선 우리가 평생 걸려도 몰살 같은 건 턱도 없다. 정신 똑바로 차려! 프로 살인 청부업자가 그래서 되겠나, 블루?"

블루 "아무래도 사람 손이 부족해서……."

미스터 K "그걸 극복하는 것이 프로의 근성 아닌가! 한 사람당 100명씩 죽일 때까지는 내 앞에 얼굴도 내밀지 마라!"

전원 "예스, 서!"

미스터 K "알았으면 가라!"

전원 풀이 죽어서 물러간다.

'레인보우맨', NET 토호 제작, 1972~1973년

나는 학창 시절 가정학습용 교재 세트의 방문판매 영업을 한 적이 있습니다. 간부는 학생 신분의 신참 아르바이트생들을 수십 명 모아 놓고 "하루 열 세트 팔아라! 스무 세트 팔아라!" 호통을 칩니다. 그러나 숙련된 영업맨이라도 하루 서너 세트 팔면 잘 판 것입니다.

"100세트 팔 때까지는 돌아오지도 마라."는 압박만 실컷 받은 우리 아르바이트생들은 눈 깜짝할 사이에 도망쳤고 그 회사는 도산했습니다.

목표가 현실적이지 않으면 부하들의 의욕은 줄어들기만 할 뿐입니다.

미스터 K도 아마 진짜로 하고 싶은 말이 있었을 것입니다. "하루 5천 명이 태어나니까 매일 5천 명은 죽이고 와라."라는 것이죠. 그렇게 해도 본전일 뿐 일본인은 줄어들지 않습니다만, 꾹 참으면서 말로 꺼내진 않고 "하루 100명 죽일 때까지 돌아오지 마라."라고 현실적인 목표를 제시한 것입니다. 이런 상황일수록 열두 명 죽인 여간부는 칭찬해야합니다. 부하는 칭찬해서 다뤄라. 비즈니스 개발 서적 같은 것이 재미없더라도 서점에서 서서라도 열심히 보도록 합시다.

자, 악의 조직이라는 것은 의외로 구조적으로 약하고 조직 붕괴를 일으키기 쉽습니다. 왜냐하면 악을 좋아하는 사람들이 모인 만큼 조직 내의 윤리관이 낮을 수밖에 없기 때문입니다. 조직의 볼펜을 아무 말도 안 하고 가져갑니다. 그렇게 기업 모럴이 낮은 멤버가 진지하게 잔업을 할 리가 없는 것입니다. '결과만 내면 된다.'는 발상에 집중하게 되는 것도 당연합니다. '성공만 한다면 무슨 짓을 해도 된다.'는 식으로 생각하여 조직 내부의 규칙을 자꾸 깨 버립니다.

만에 하나라도 "실패한 자는 죽음으로 책임져라." 같은 소리를 했다간 큰일 납니다. 죽음의 도미노를 멈출 수 없게 됩니다.

간부 하나가 '앗, 나도 해 봐야겠다.'라면서 자신의 부하를 죽이게 됩니다. 그것을 본 하급 관리직이 '저놈은 유능하니까 나의 지위를 위협한다.'는 이유로 또 자기 부하를 죽일지 모릅니다. 그것도 부족해서 얼굴이 마음에 안 든다거나, 내가 좋아하는 여자애인데 나를 상대해 주지 않는다고 죽일 수도 있습니다.

"실패하면 죽음으로 갚아라."라는 말이 흔하다고 해서 진짜로 "실패한 인간은 용서하지 않겠다."고 말하면 부하의 탈주가 줄줄이 이어질 겁니다. 이길지 질지 알 수 없을 때, 승부에서 가장 중요한 시점을 상상해 보시기 바랍니다. 서로 포탄을 날려 대고 있는데 조금씩 밀리기 시작합니다. '이대로 가다간 질 것 같아. 하지만 조금만 더 버티면 이길 수 있을지도 몰라.' 같은 상황에 놓였을 때에는 더 이상 동료를 믿을 수 없게 되겠지요.

만약 진다면 살아남는다고 해도 사형입니다. 이길 것 같을 때에는 괜찮지만 질 것 같을 때가 되면 주변 사람들은 하나둘 도망가기 시작할 것입니다. 동료가 도망치면 질 확률이 점점 높아질 것이고, 그러면 또 도망치고, 이것이 계속 반복됩니다.

결국 "실패하면 죽음으로 갚아라."라는 것은 악당의 대사로는 멋있지만, 현실에서 그랬다가는 조직 내의 윤리 의식이 황폐화되어 더 이상 조직이 온전히 성립할 수 없게 되는 것입니다.

또 흔히 하는 말 중에는 "조직은 배신자를 용서하지 않는다. 도망치는 놈은 조직의 킬러가 지구 끝까지라도 쫓아가서 죽여 버린다."는 것도 있습니다만, 이 말도 역시 하면 안 됩니다.

왜냐하면 조직에서 도망치는 놈이란 것은 그 조직 안에서 살아남은 어느 정도의 '실력자'인 것입니다. 그런 인물이 살기 위해서 필사적으로 숨어 다니는데, 그것을 찾아내서 죽이려고 한다면 조직에서도 초일류의 실력자를 보낼 수밖에 없습니다.

'카무이 외전79'이라는 옛날 만화에서는 조직을 빠져나온 닌자를 '탈주 닌자'라고 부릅니다. "탈주 닌자는 용서할 수 없다."면서 조직에서 가장 강한 놈을 킬러로 보냈더니 거꾸로 죽임을 당했습니다. 그러면 그보다 더 강한 놈을 보낼 수밖에 없게 됩니다.

이거 좀 웃긴 이야기지요. 원래는 외부와 싸우기 위해 열심히 갖춰놓은 악의 조직 내 무기나 병력일 텐데, 배신자를 잡는다고 그것을 펑펑 써 버리더니 결국에는 조직이 붕괴하고 마는 것입니다.

배신자는 가만히 놔두는 것이 가장 좋습니다. 그냥 놔두면 그 이상의 피해는 발생하지 않습니다. 그러나 배신자를 방치하면 흉내를 내는 놈들이 꼬리를 물 수 있습니다. 조직 내의 사기와 모럴을 지키기 위해서는 손해를 각오하고 "배신자에게 죽음을!"이라고 말할 수밖에 없는 것입니다.

배신자를 숙청한다면 조직으로서는 실무 능력이 저하될 수밖에 없습니다. 하지만 그러지 않으면 배신자가 줄어들지 않습니다. 악의 조직에는 그런 구조적인 딜레마가 있습니다.

악의 조직뿐만이 아니라 모든 조직에 있어서 최고의 재산은 결국 '인재'입니다. 우수하고 아낌없이 일하면서 조직에 충성을 다해 주는 사람들.

---

79 카무이 외전
시라토 산페이의 만화. 탈주 닌자가 추격을 뿌리치며 끝없는 여행을 하는 내용을 그리고 있다. 1965년부터 1967년 사이에 1부가, 1982년부터 1987년 사이에 2부가 연재됐다. 애니메이션 및 실사영화로 제작된 적이 있다.

세계 정복을 노리는 조직이라는 곳은 대개 추석이나 설날에도 제대로 쉬지 못합니다. 그런 곳에서 함께 일해 주는 동료들입니다.

비밀 조직에 있어서 가장 중요한 것은 거대 로봇도 기지도 아닌 사람입니다. 사람이 전부입니다. 어째서일까요?

정의의 조직은 멤버의 보충이나 신규 고용이 간단합니다. 정규 조직이라면 멤버가 "정의도 좋지만 역시 토요일, 일요일에는 쉬고 싶습니다."라면서 그만둬도 '정의'를 선전하면 1억 명 중 만 명 정도는 모집에 응할 것입니다. 하지만 악의 조직이라는 것은 그런 선전을 할 수가 없습니다. 일단 학교에서도 별 볼일 없는 놈이 '이제 야쿠자밖에 할 게 없겠네.' 같은 생각을 가지고 있다가 '야쿠자도 떨어졌어. 쇼커라도 가 볼까?' 하는 식으로 마지막에 오는 법입니다.

안 그래도 밑바닥 인재가 모이기 쉬운 곳이고, 거기다 '사람 죽이는 게 좋다.'고 생각하는 문제아가 많고, 규칙도 거의 지키지 않고, 지각도 아무렇지 않게 하는 놈들이 모이는 곳입니다. 그런데도 조직에 남아 주고 충성을 맹세하는 부하가 있다면 매우 귀중한 인재인 것입니다. 그러니 정말로 귀하게 다루어야만 합니다.

그런 점에 있어서 정말 이해하기 힘든 것이 '자이언트 로보[80]'입니다. 부하를 소홀히 여기는, 관리직으로서는 낙제점인 다음의 경우를 여러분은 반면교사로 삼으시기 바랍니다. 옆쪽에서 보시다시피 이 관리직은 하면 안 되는 것을 한꺼번에 하고 있습니다.

---

80 자이언트 로보
요코야마 미츠테루 원작의 만화를 바탕으로 만들어진 애니메이션. 요코야마 미츠테루가 그린 여러 만화의 캐릭터를 빌려 와서 올스타전을 벌이는 것이 특징으로 제갈공명이 악당으로 등장하거나 요미님이 우리 편으로 등장하는 등 다양한 원작을 많이 아는 사람일수록 재미있는 애니메이션. 우리나라에도 DVD가 출시되었다.

'자이언트 로보: 지구가 정지하는 날' 제6화에서

초과학력으로 세계 정복을 꾸미는 비밀결사 BF단[81]. 그들의 책략에 의해 지금 지구 규모의 '모든 에네르기 정지 현상'이 일어났다. 시즈마 드라이브[82]라는 에네르기의 원천을 빼앗기게 되자 지구 전체의 어떤 곳은 어둠에 잠기고, 어떤 곳은 찬바람으로 얼어붙었다.

그리고 그것은 BF단의 지부도 예외가 아니었다. BF단 지부에는 비통에 빠진 통신이 끊임없이 들어온다.

통신1 "여기는 BF단 러시아 지부. 시즈마 드라이브 작동 불능으로 인해 작전 중지 허가를 요청합니다!"

통신2 "영국에서 타전! 기지 탈출을 결정합니다."

통신3 "뉴욕! 상황을 설명해 주기 바람. 이곳의 작전은 언제 종료되는가?"

통신4 "시즈마 드라이브 복구 예정을 알려 주기 바람!"

통신5 "시즈마 드라이브 정지로 인해 이것이 마지막 통신입니다! 응답 바람!"

통신6 "알래스카 지부입니다. 더 이상은……."

차례차례로 쓰러져 가는 부하들의 보고를 초조하게 듣고 있는 BF단 간부들. 그러나 작전참모 제갈공명은 "모든 것이 계획대로입니다."라고 말하며 그 이상의 설명을 하지 않는다.

'**자이언트 로보 : 지구가 정지하는 날**', 이마가타 야스히로 감독, 1992~1998년

---

81 BF단
빅파이어단의 약자. 세계 정복이 목적이라고 하지만 진짜로 세계 정복이 목적인지는 수수께끼인 집단.

82 시즈마 드라이브
'자이언트 로보' 애니메이션에 등장하는 완전 재활용이 가능한 무공해 에너지원.

우선 부하가 죽는 것을 보고도 돕지 않습니다.

그다음은 그 이유를 말해 주지 않는 것입니다.

최종회를 보면 알 수 있지만 이 단계에서 부하들에게 사정을 설명할 수 없는 이유는 어디에도 없었습니다. 부하에게는 설명할 수 있는 만큼 최대한 설명해야만 합니다. '무엇 때문에 열심히 해야 하는가'를 안다면 부하도 힘이 납니다.

작품 내에서 그려지는 바슈탈 현상이라는 것은 에네르기 원동력이 전부 멈춰 버리는 현상입니다. 세계의 모든 에네르기가 멈춰 버려서 화염계의 초능력자까지 동원해야 할 판입니다. 불을 사용해서 모두를 따뜻하게 만들고 있지만 초능력도 이제 바닥이 보인다고 말합니다. 이건 완전히 관리직의 작전 미스입니다.

바슈탈 현상을 일으키는 것이 당초의 계획이었다면 한랭지의 비밀 기지에는 미리 등유 스토브 같은 고전적인 난방 기구를 준비하면 되는 일이니까요. 그 사전 준비를 까먹은 셈인데 "비밀 작전이니까 말해 줄 수 없다."고 하면 부하들은 받아들일 수가 없습니다.

앞에서 했던 말입니다만, 안 그래도 우리들은 악의 조직이라서 힘든 일이 많습니다.

산속이니까 몰래 뭔가 만들기 편할 거라고 생각했다면 큰 착각입니다. 산속에 기지를 만들기 위해서는 거기까지 가는 도로를 먼저 깔아야 트럭도 보낼 수 있습니다. 헬리콥터로 자재를 옮긴다면 몇 년이 걸릴지도 알 수가 없습니다.

용지 매수에는 토지 쪽 사람과 몇 년 걸려서 교섭을 해야 하고, 그

땅의 권리자에게 선물이라도 사 들고 가야 합니다. 뭐라도 한 병 들고 가서 "음, 선생님께서 하시는 말씀도 잘 알겠지만 우리들에게도 꿈이 있어서요. 뭔지는 말 못 하지만……." 같은 말을 하면서 겨우 토지를 매수하고, 도로를 내고, 아스팔트를 깔고, 전 세계 여러 나라에서 중장비도 빌려 와야 합니다.

그렇게 열심히 파고 또 파는 와중에 이게 또 들키면 안 됩니다. 미국 감시 위성이 위에 와 있을 때에는 그 설비를 전부 다 잠시 숨겨야 됩니다. '비밀 기지'이니까요.

머리 위로 비행기가 날아다닐 때에는 축구라도 해서 의심을 사지 않아야 합니다. '비밀 기지'이니까요.

그런 고생 끝에 간신히 만들어지는 것이 비밀 기지입니다.

거기에 앞에서 나온 알래스카 기지의 부하는 마지막 순간에도 도망치지 않고 "지시를 내려 주십시오. 최소한 설명이라도……."라고 말하는 것입니다. 이렇게 우수한 부하는 정말 몇만 명 중에 한 명 나오는 인재입니다.

그런 부하가 하나둘씩 죽어 가는데 "후후후, 책사 공명의 계획대로군." 따위 말이나 내뱉으며 폼을 잡고 있을 때가 아닙니다. 이 관리직은 정말로 무능합니다.

부하의 충성심이라는 것은 아무리 많은 돈을 줘도 살 수 없습니다. 정말로 책사에다 머리가 좋다면 그런 부하는 처음부터 탈출시켜 줘야 하는 것입니다.

세계적으로 바슈탈 현상, 에네르기 정지 현상이 일어나도 우리들 조직에는 한 명의 피해도 없다. 기지나 값비싼 기재도 전부 무사한 것이 정말로 머리가 좋은 사람의 계획입니다.

그런데 애니메이션이나 특촬 방송에서는 어째서 이런 묘사가 통하는 것일까요?

물론 애니메이션을 만든 사람이 생각이 안 떠오른 나머지 '악의 간부는 잔혹하다.'라는 전형적인 묘사를 그냥 집어넣은 것인지도 모릅니다. 그러나 그 본질은 '악의 조직은 악으로 인해 멸망한다.'에서 비롯된 것이 아닐까요?

악의 조직이라는 것은 일반적으로 자신들의 폭력성이나 잔혹성을

확인하고 싶어 하기 때문에 무심코 "실패한 부하는 용서하지 않는다." 거나 "우리 조직을 빠져나간 놈에게는 지옥을 보여 주겠다."고 말하게 됩니다.

말하는 건 괜찮지만 진짜로 하면 안 됩니다.

세상의 규칙은 무시해도 되지만 자신들이 만든 규칙은 무시하면 안 됩니다.

"부하의 목숨은 나 자신보다 중요하다." 정도가 딱 좋습니다. 요미 님을 보고 배웁시다. "요미님, 일어나 주십시오."라는 요청을 듣기 전 에 일어나 있는 정도가 아니라면 조직의 중심으로서 일한다고 할 수 없습니다.

그렇게 하지 않았을 때 어떻게 되는지는 레드리본군 총수가 잘 보 여 줍니다.

"몇 명의 부하가 희생됐는지 알고 있는 겁니까?"라는 말을 듣자 "네놈들은 닥치고 총수의 명령을 따르면 되는 거야!"라고 대답합니다. 그러자 "네놈에게 총수의 자격은 없다. 레드리본군은 이제 내가 총수가 되어 새롭게 만들겠다."는 반대파가 등장하는 것입니다.

악의 조직이라고 가볍게 부하들을 죽였다가는 마찬가지로 간단하 게 '상사를 죽여도 된다.'는 식으로 생각하기 십상입니다. 조직 밖에 대 해서는 잔혹한 악으로, 조직 내에 대해서는 인간미 넘치고 잘 챙겨 주 는, 마치 코르시카 마피아 같아야만 조직이 제대로 유지될 수 있는 것 입니다.

악의 조직에서 '악'이라는 것은 어디까지나 바깥 세계에서 봤을 때

에만 그런 것입니다. 조직 내에서는 일반적인 기업 이상으로 진지해야
만 세계 정복과 같은 장대한 목표를 달성할 수 있는 것입니다.

6.
최종 단계_세계 정복, 그 후

세계 정복의 길은 멀고도 험합니다. 이 가시밭길을 과감하게 헤집고 나간 당신은 마침내 세계 정복을 이루었습니다. 정말로 고생 많이 하셨습니다. 미스터 K의 고민과 닥터 이블의 고민을 뛰어넘어, 무능한 부하를 죽여 버리고 싶다는 유혹에도 승리하고, 여러 가지 숱한 난관을 뛰어넘어 마침내 세계 정복을 달성한 것입니다.

아주 멋진 일이 기다리고 있습니다.

어떤 멋진 일이 기다리고 있을까요?

야경을 바라보면서 마시는 와인

비록 일본 통일을 이루지는 못했지만 앞으로 몇 수만 더 나갔으면 체크메이트 상황까지 갔던 인물이 있습니다. 그 주인공은 바로 크리에이티

브한 정복자로 알려진 오다 노부나가[83]입니다. 그는 기발한 생각으로 여러 가지 재미있는 일을 했었습니다.

예를 들면 아즈치성을 만들 때가 그렇습니다. 노부나가는 당시 통제 물품이었던 등유를 자유롭게 거래하도록 만들었습니다.

등유는 무엇보다도 전쟁용이 아주 많이 필요했기 때문에 대중이 자유롭게 사고팔 수 있는 물자가 아니었습니다. 그러나 그는 물류를 자유롭게 풀어 주고 시장에 자유경쟁을 도입한 것입니다.

덕분에 아즈치성에서는 일반 서민도 싼 가격에 등유를 살 수 있게 되었고, 그 주변의 집들은 밤에도 불을 켤 수 있게 되었습니다.

그 결과로 노부나가는 아즈치성의 꼭대기, 천수각에서 성 아래 마을 전체에 반짝이는 등유 불빛을 내려다볼 수 있었습니다. 지금까지는 어떤 사람도 본 적이 없었던 '밤의 야경'이 탄생한 것입니다.

얼마나 아름다웠을까요? 그는 틀림없이 눈앞에 펼쳐지는 백만 냥의 야경을 바라본 최초의 일본인입니다. 일본의 다른 지배자 중에서 그런 것을 본 사람은 아무도 없었습니다.

그 전까지 일본의 지배자는 인민을 노예처럼 부려 먹는 것이 자기가 부유해지기 위해 할 수 있는 가장 빠르고 좋은 방법이라고 생각했습니다. 인민을 풍족하게 만들어 주면 그 결과로 자신의 부가 깎이고 권

---

83 오다 노부나가
일본 전국시대의 군주. 기발한 생각과 강력한 추진력을 바탕으로 당시의 상식을 무시하면서 성공한 지도자였다. 화승총의 예가 유명하다. 당시 화승총은 재장전 시간이 오래 걸리기 때문에 주력으로 쓰는 군단이 없었다. 재장전하는 동안 달려온 무사에게 칼을 맞아 죽었기 때문. 하지만 오다는 화승총 부대를 세 그룹으로 편성하여 재장전하는 동안 다른 두 그룹이 사격을 할 수 있도록 구성하여 당대 최강의 기마 부대를 물리치고 전투의 틀을 바꾸었다. 본문에서도 발상의 전환 일부를 엿볼 수 있다. 그러나 주변 사람의 이야기를 좀처럼 듣지 않았고, 결국 일본 정복을 눈앞에 두었을 때 혼노지라는 절에서 부하에게 배신을 당해 세상을 떠난다. 생전에 자신을 육천마왕이라고 칭한 적이 있어서 후손들이 각종 게임에서 마지막 보스로 출연시키게 되었다.

력이 줄어들 것이라고 믿었던 것입니다. 때문에 경제를 자유롭게 풀어 주고, 그로 인해 인민이 풍족해진다고 해서 자기에게 뭔가 좋은 일이 있을 거라고는 상상도 하지 못했던 것입니다.

노부나가는 그런 낡은 생각을 버리고 '경제 활동'이라는 사고방식을 도입했습니다. 경제를 활성화시키면 아랫사람들이 활발하게 돌아다닙니다. 밤에도 불을 밝히고, 시장도 많이 서게 되고, 쉽게 볼 수 없는 것들도 점점 더 많이 팔게 됩니다. 그렇게 되면 자신은 멋진 야경을 매일 밤 볼 수 있고, 비싼 것, 보기 드문 것을 다른 지방의 어떤 영주보다도 빠르게, 많이, 싼 가격으로 손에 넣을 수 있게 됩니다.

장터에 차를 유행시킨 것도 노부나가였습니다. 그는 다기를 수집하기도 했는데 그가 좋다고 말한 찻그릇들은 시장에서 높은 가격이 붙었습니다. 그러자 중국에서 보기 드문 다기들이 계속 수입되어 경제는 활기를 띠었고 그로 인해 노부나가의 컬렉션도 아주 충실해졌습니다.

자신이 아무리 풍족해도 인민이 줄줄이 굶어 죽는다면 이렇게 될 수 없습니다.

노부나가의 예는 그런 것을 저에게 가르쳐 주었습니다.

'강식장갑 가이버[84]'라는 만화에서는 지배자가 도쿄 한가운데에 커다란 빌딩을 세웁니다. "인류를 지배하더니 큰 빌딩을 세웠다고? 생각하는 게 건설 회사 사장하고 별다를 게 없네?"라는 말을 듣게 될 것 같은데요.

"지구 외의 생명체가 가진 기술로 강화 인간을 만들어서 인류를 지배하더니 뭘 하는 거야?" 혹은 "차라리 그 기술로 크게 돈 벌어서 롯폰기 힐즈[85]를 통째로 사는 게 더 쉽지 않나?" 같은 비난을 들어도 뭐라고 대꾸하기가 어렵습니다.

그게 참, 알고는 있어도 역시 막상 때가 되면 하고 싶단 말입니다. 남자들의 꿈이잖아요. '남자들의 꿈'이라고 하면 여성에게는 실례일지도 모르겠지만요.

도심 한가운데에 커다란 빌딩을 세웁니다. 맨 꼭대기에는 물론 전망 좋은 발코니가 있습니다. 거기에는 바 라운지가 붙어 있기 마련이고, 무릇 지배자라면 그곳에서 와인글라스를 한 손에 쥐고 씨익 웃고 싶은 겁니다.

저는 술을 잘 못하기 때문에 술 대신 환타 그레이프나 칼피스를 손에 쥐고 "와하하! 어리석은 백성들아……."라고 외치면서 한 잔 들이켜고 싶습니다.

---

84 강식장갑 가이버
1985년에 연재를 시작한 타카야 요시키의 만화. 2010년 3월에 27권이 나왔다. 마지막 권을 볼 수 있을지 의심스러운 만화 중 하나.

85 롯폰기 힐즈
일본 롯폰기에 위치한 복합 시설. 도쿄의 명소 중 하나. 땅값은 생각해 보고 싶지도 않다.

여러분도 와인이나 샴페인, 브랜디를 마시거나, 아니면 자신이 좋아하는 것을 드시기 바랍니다. 모처럼 세계를 지배했으니까 그 기분을 한껏 즐기도록 합시다.

동상과 교과서

그밖에도 기분이 좋아지는 방법 중에서 유명하다고 할 수 있는 것에는 '동상을 세우는 것'이 있습니다. "와하하하하!" 하고 웃음이 나올 정도로 즐거운지 아닌지는 사람마다 다르겠지만 지배자가 되면 꼭 해 보고 싶은 일이라 할 수 있을 것입니다.

동상은 거대하면 거대할수록 멋있습니다. 세우는 장소는 자신보다 한 세대 전 지배자의 심벌이 있던 곳이 일반적입니다. 원래 있던 심벌을 부수고 거기에 세우는 것이죠.

예를 들어 메이지유신이 있었을 때, 교토에 있던 천황이 옮겨 가 있던 곳은 에도성 위였습니다. 즉, 더 이상 에도막부라는 권력은 없다는 것을 보여 줄 필요가 있었던 것입니다. 에도성이라는 권력을 치워 버리기 위해 천황의 거주지를 그곳으로 옮긴 것입니다.

마찬가지로 여러분이 자신의 동상을 세울 것이라면 지금까지의 권력은 치워 버려야만 합니다. 우라야스[86]가 가장 좋겠지요? 신데렐라성을 밀어 버리고 그곳에 자신의 커다란 동상을 세웁시다. 자신의 동상 앞에서 관광객이 기념사진을 찍고 여고생들이 친구에게 사진 메일을 보낼 겁니다.

기분이 꽤 좋을지도 모르겠습니다.

---

86 우라야스
도쿄 디즈니랜드가 있는 곳.

다음으로 지배자가 잊어선 안 되는 것이 교과서의 개정입니다.

지금 당장은 여러분이 세계를 지배하고 있다고 해도, 일본을 지배하고 있다고 해도 사회적으로 봤을 때는 악당입니다. 잠시 마음을 놓고 있다가는 학교 선생님들이 학생들에게 여러분이 무력으로, 또는 비열한 수단으로 일본을 정복했다고 가르치게 될 겁니다.

그러니 서둘러서 현행 교과서를 회수하고 새로운 교과서를 배부하도록 합시다. 지금까지 제대로 못했던 자민당 정권 대신에 '○○님 아래에 모여라' 같은 식의 교과서를 다시 쓰면 됩니다. 바보 같다고 느낄지도 모르겠지만 효과는 의외로 큽니다.

물론 처음 1년은 안 될 겁니다. 누구나 거짓말이라는 것을 알고 있기 때문입니다. 그러나 10년, 20년, 30년 꾸준히 하다 보면 의외로 백성들은 진지하게 받아들입니다. 그렇다기보다 사는 것만으로도 힘에 부치기 때문에 사실 지배자가 누가 되든 신경을 안 쓰는 건지도 모르겠습니다.

교과서의 개정은 돈이 별로 안 드는 것에 비해 효과가 크기 때문에 꼭 해 두시기 바랍니다.

'지배계급'의 형성

자, 이제 누구도 당신을 나쁜 사람이라고 말하지 않습니다. 거리에는 동상이 세워지고 교과서에서도 당신을 칭찬하기에 여념이 없습니다. 그렇지만 여기서 큰 문제가 생깁니다.

커다란 빌딩을 세우고 그 위에서 와인글라스를 쥔 채 "와하하! 어리석은 백성들아……."라고 외칩니다. 이때 여러분은 자기 혼자 서 있는 모습을 상상했을 것이라고 봅니다. 혼자서 가슴을 펴고 허리춤에 손을 대고 호쾌하게 웃어 젖히는 것이죠.

하지만 잘 생각해 보면 이건 별로 재미가 없습니다. 혼자서 "와하하!" 하는 것만으로 충분하다면 지금이라도 선샤인60빌딩[87] 같은 곳에 가서 혼자서 캔커피를 마시며 "와하하!" 하면 됩니다.

하지만 그걸로는 부족합니다.

무엇이 부족할까요? 당신이 웃을 때 "실로 그렇사옵니다."라고 말해 줄 사람이 부족한 것입니다.

부하도 괜찮고 동료도 좋습니다. 연인, 가족, 친척 일동, 아니면 동아리 친구라도 상관없습니다. 아무튼 '지배'의 기쁨을 함께 나눌 사람이 있고, 그중에서도 당신이 최고라는 것을 실감할 필요가 있습니다. 그러지 않으면 지배해도 기쁘지 않습니다. 함께 기뻐하고 싶고, 즐거움을 나누고 싶고, 그리고 지배를 실감하고 싶다는 것입니다.

그러기 위해서 지배자가 선택한 동료를 '지배자 계급'이라고 합니다.

지금까지는 혼자서 '지배자'였지만 여러 명이 되면 '계급'이 붙게 됩니다. 지배자 계급을 탄생시키게 되면 조금 어려운 문제가 생깁니다.

당신 이외의 지배자 계층, 그것은 당신의 애인일지도 모르고 가족일지도 모르고 부하일지도 모릅니다. 그 녀석들이 일단 시민이나 노예들을 죽이거나, 호화로운 성을 자기 맘대로 짓거나, 도박으로 돈을 쓸데없이 날리기 시작했을 때 여러분은 침착할 수 있겠느냐 하는 문제입니다. '괜찮다, 괜찮아. 너희들 맘대로 신나게 써라.'라고 생각하는 타입의 사

---

87 선샤인60빌딩
이케부쿠로의 랜드 마크인 고층 빌딩. 선샤인빌딩 근처에는 각종 여성향 대형 만화점, 애니메이션 가게가 있다. 친구가 볼 것 많은 일본에서 하필이면 선샤인빌딩에 다녀왔다고 하면 출신 성분을 의심해 봐야 한다.

람도 있을지 모르겠지만, 보통은 '잠깐 스톱. 좀 전까지는 일본인 전부가 적이었고 재산은 파괴 목표였지만, 이제 내가 지배하는 이상 일본인 전부가 내 재산이지. 돈도 건물도 재보도 전부 내 것이야. 멋대로 하지 마.'라는 생각이 샘솟지 않겠습니까?

지배를 함께한다는 것은 지배권이라는 권력을 함께한다는 것입니다.

권력을 어느 정도로 나눠 주어야 할까요? 그 구조를 결정하는 것은 대단히 어려운 문제입니다.

예를 들어 '당신의 생일을 축하하기 위해 기념관을 세운다.'는 것은 오케이라고 쳐도, 당신의 측근이 "내 생일도 기념일로 정해서 기념관을 세우고 싶습니다."라고 말을 꺼내면 어떻게 하겠습니까?

왠지 별로 유쾌하지 않은 기분이 들지 않습니까?

본인에게 나쁜 뜻이 없다고 하더라고 실제로 일어날 법한 문제라 할 수 있습니다.

부당하게 백성을 죽이거나 재산을 빼앗는 부하도 그냥 둘 수 없습니다. 왜냐하면 그 백성은 이제 '당신의 백성'이고 그들의 재산은 '당신의 재산'이기 때문입니다. 이런 사태를 막기 위해서는 새로운 규칙을 정하고 지배자 계급이 그것을 지키게 할 필요가 있습니다.

No.2 후보를 몇 명 선택하여 서로를 감시하게끔 만드는 것도 괜찮을 것입니다. 결국 이것은 서로 나누어 가진 것 이상의 권력을 예전 부하나 가족이 몰래 사용했다는 것을 알았을 때, 지배계급인 동료를 어떻게 처벌할 것인가 하는 문제라고 할 수 있습니다. 아마 상당히 머리 아픈 문제가 되리라 생각합니다.

마찬가지로 부하끼리 싸움을 할 때나 당신이 지배하는 나라들이 서로 싸울 때에도 당신이 중재할 수밖에 없습니다.

미국과 러시아가 싸움을 시작한 경우, 중국이나 북한 같은 곳에서 전쟁이 일어난 경우, 분위기가 험악해지기 시작하면 당신 자신이 직접 화해시키러 가야 된다는 겁니다. 귀찮아서 부하에게 맡긴다면 당신이 원하는 결과는 절대 얻을 수가 없습니다. 부하도 자기가 귀찮다고 "너희들 맘대로 싸우고 서로 잘 죽여 봐라." 같은 식으로 이야기했다간 진짜 전쟁이 일어나게 됩니다.

전쟁 같은 것이 일어난다면 인구는 줄어들고, 공장은 파괴되고, 상품의 유통도 멈춰 버리게 됩니다. 세수가 얼마만큼 줄어들지 짐작도 가지 않습니다. 거기에 도로, 전화, 전기, 수도 같은 사회 인프라가 파괴되며 기지나 병기, 훈련된 병사들도 수가 줄어들게 됩니다. 이것을 복구하는 데 얼마나 많은 세금을 쏟아 부어야 할지를 생각하는 것만으로도 등골이 오싹해집니다. "서로 죽이려 들면 안 돼. 세계 인구도, 시설도, 시스템도 내 재산이니까 줄어들면 안 되지."라고 외치고 싶은 마음이 굴뚝같을 것입니다.

그렇다고 해서 무작정 머리가 좋은 부하에게 맡겨 놓고 안심할 수도 없는 것이, 어느 한쪽 나라와 친해져서 당신에게 대항할 권력을 몰래 만들고 있을지도 모르는 일이기 때문입니다.

그것은 그것대로 무서운 일입니다.

지배자는 자신이 혼자일 때는 뭐든지 혼자서 결정하면 문제가 없었습니다. 하지만 '지배자 계급'을 만든 순간 그렇게 할 수가 없게 됩니다.

지배계급 동료와 즐겁게 살아가기 위해서는 자기 아랫사람들을 잘 다뤄서 가능한 한 평화롭고 안정된 사회를 만들어야 합니다. 맘 내키는 대로 예술품이며 비싼 재보, 땅 같은 것을 빼앗아서는 안 됩니다. 관리를 해 줘야만 하는 것이지요. 사회의 관리직 비슷한 역할이 되는 것입니다.

이런 문제들을 어떻게 조절할 것인가, 상당히 어려울 것 같습니다.

하렘[88]의 역할

분위기가 조금 다운되었습니다. 모처럼 지배자가 됐는데 말이죠. 좀 더 즐거운 일을 생각해 봅시다.

하렘을 만들어 보는 것은 어떻겠습니까?

당신이 원하는 대로 여자를 모으시기 바랍니다. 몇백 명, 아니, 몇천 명을 모아도 괜찮습니다.

지배자가 여성인 경우에는 수가 아니라 질이 중요한 모양입니다. 마음에 드는 남성을 엄격히 선발하시기 바랍니다. 좋아하는 타입을 여러 가지 패턴으로, 각각 최고급의 남성을 갖추어 놓도록 합시다.

수가 많다고 해도 최종적으로는 몇 명 정도일 것입니다. 소수정예제입니다. 이 문제에 있어서 여성은 대단히 현실적입니다. 남자처럼 눈에 보이는 모든 곳을 여자로 채운다는 생각을 하지 않습니다.

알고 지내는 여성 중에 이른바 '야오이[89]' 계통의 사람이 있습니다. 그녀가 뜨겁게 외치던 내용이 생각났습니다.

---

88 하렘
하렘은 원래 이슬람 사회에서 부인들이 거처하는 방을 가리키는 명칭이다. 외부인의 출입이 금지되었으며 가족만 드나들 수 있었다. 이슬람교는 일부다처제였기 때문에 여기서 여성이 여러 명 있다는 하렘의 이미지가 생겨난 것이다. 하렘을 운영하기 위해서는 부인들 여러 명이 일을 하지 않아도 되어야 했기 때문에 경제력의 상징이기도 했다.

89 야오이
엉덩이의 구멍이 배설기관임을 잊은 여자들의 문화로 BL이라고도 한다.

"정말 멋진 남자들에게 둘러싸여서 어떤 남자를 고를까 이것저것 고민하는 건 견딜 수 없어! 결국엔 한 명을 선택하게 되겠지만, 남은 남자들은 전부 적당한 순서대로 팀을 짜서 호모 커플을 만들면 좋겠어요. 한 사람이라도 다른 여자한테는 못 줘. 내 손에 넣을 수 없는 남자는 전부 호모였으면 좋겠다, 그런 거예요!"

당신 스타일의 하렘을 만들었다면 거기서 무엇을 시킬지도 당신 취향에 따라서 연구가 필요하겠지요. 잘 차려입히고 세워 두기, 춤을 추게 하기, 노래시키기, 술시중 들게 하기는 물론 아라비안나이트처럼 재미있는 이야기를 시키는 것도 있을 법합니다.

그러나 사실 이 하렘은 역사적으로 보면 중요한 역할을 맡고 있습니다. 아이를 아주 많이 만들어서 직계 자손을 늘린다는 역할입니다.

당신의 자손은 미래의 지배계급이 됩니다. 자손이 많으면 부서에서 인사 싸움이 잘 일어나지 않게 되며, 그것은 국가의 운영이 안정된다는 의미이기도 하기 때문입니다.

일본에서 처음 하렘을 조직적으로 만든 것은 도쿠가와막부[90]입니다. 그 목적은 도쿠가와 가문의 직계 자손을 많이 만들어 도쿠가와 일족이 일본 전체를 정복하는 것이었습니다. 이것은 도쿠가와 이에야스 자신이 도요토미 히데요시[91]의 실패를 보고 생각해 낸 방법론이기도 합니다.

---

90 도쿠가와막부
원래 막부는 장군의 본진을 가리키는 단어였으나 전후에도 군인이 정권을 잡게 되면서 일본 중세의 군사 정권을 가리키는 뜻으로 바뀌었다. 즉, 도쿠가와막부는 도쿠가와 가문이 일본을 지배하게 되면서 만들어 낸 군사 정권을 가리키는 말이다.

91 도요토미 히데요시
우리나라에는 임진왜란의 장본인으로 가장 잘 알려져 있다. 그러나 일본에서는 오다 노부나가, 도쿠가와 이에야스와 더불어 전국시대 3대 무장으로 인기가 높다. 농민 출신임에도 지략과 센스를 발휘하여 출세, 일본 전국을 통일한 인물이기 때문. 그러나 말년에 권력 기반을 확립하지 못하여 히데요시 사후 도요토미 가문은 무너지게 된다.

도요토미 히데요시는 부인이 상당히 무서운 사람이었는데도 바람 피우는 걸 좋아하는 호색한이었습니다. 그러나 어째서인지 자손 복이 없어서 자식들은 계속 병으로 죽고 말았습니다.

노후의 히데요시는 그것을 신경 쓴 나머지 마지막 남은 한 명의 아들을 지나치게 아꼈습니다. 그런 마음의 약점을 이에야스에게 들켜 그의 사후, 도요토미 가문은 멸망하게 됩니다.

'자기 자식에게 집착하지 않고 가신 중에서 후계자를 선택하면 되었을 텐데.'라고 생각할지도 모르겠습니다만 그렇게 할 수는 없었습니다.

당시의 일본 사회는 동족 사회였습니다. 동족 사회라는 것은 피가 이어져 있는지 아닌지를 대단히 중요시하는 사회입니다. 자신과 얼마나 가까운가가 최고로 중요합니다. 따라서 자신의 부모나 자식이 가장 소중합니다. 그다음으로는 형제, 삼촌, 조카 순서로 이어집니다.

가족은 그렇다 쳐도 친척을 중요하게 생각한다는 것은 우리들에게 잘 실감이 나지 않습니다. 그러나 당시 사회 전체에서는 누구에게도 의문의 여지가 없는 당연한 가치관이었습니다.

전국시대뿐만이 아니라 옛날에는 전쟁에서 이겨서 지배 영역이 늘어날 경우, 그곳의 책임자로 자신의 자식이나 친척을 임명하는 것이 보통이었습니다.

전국 무장[92]이라는 것은 전혀 모르는 남남들이 모여서 만들어진 집단이라 틈이 있으면 모반을 하네, 반란을 하네 따위 궁리를 합니다. 그

---

92 전국 무장
전국시대에 자기 권력 기반을 가진 무장을 전국 무장이라고 한다. 이때 전국은 전국 노래자랑의 全國이 아니라 戰國, 즉 나라가 전쟁을 하던 시대를 가리킨다. 당시 일본의 나라 개념은 지금과는 달라서, 지금으로 말하자면 강원도나 경기도처럼 각각의 지방이 하나의 나라와 같았다. 온 나라가 시, 도로 갈라져서 전쟁을 벌였던 만큼 매우 혼란스러운 시대였다.

러니 유능한 부하에게 영토를 나누어 주면 나중에 강대한 적이 될 가능성이 있는 것입니다.

그런 일을 방지하기 위해 자식이나 친척과 같이 절대로 배신할 수 없는 자를 맨 위에 앉히고 그 밑에 유능한 부하를 붙이는 방법을 취했습니다. 자신이 지배하는 토지가 늘어나면 늘어날수록 그곳에 두어야 할 현지 책임자가 더 필요해집니다. 그러니 아들자식은 무조건 많이 있을수록 좋았던 것입니다.

또한 공격을 했으나 멸망시키지 못한 상대와는 평화 조약을 맺었습니다. 이 조약 중에서도 가장 확실한 것은 자신의 딸을 시집보내는 것입니다. 상대에게 딸밖에 없는 경우에는 자신의 아들을 양자로 보냈습니다. 이렇게 '핏줄의 지배'를 늘려 나가는 것이 일본 지배자 계급의 방식이었습니다.

히데요시에게는 피가 이어진 자식이 한 명밖에 없었기 때문에 지배자 층이 엄청나게 부족했습니다. 하는 수 없이 사람이 비는 부서를 부하들에게 관리하게끔 했습니다. 그러나 히데요시가 몰락한 이후, 오사카에서 벌어진 여름의 진과 겨울의 진[93], 세키가하라의 전투[94]에서 적에게 붙어 버리는 부하가 속출하여 패배하고 맙니다.

---

93 여름의 진과 겨울의 진
세키가하라의 전투를 통해 실질적으로 일본의 1인자가 된 도쿠가와 이에야스가 도요토미 가문을 끝장내기 위해 계획한 전투. 당초 평화 해결도 생각했었던 모양이나 무력 충돌 긴장이 높아지자 트집을 잡아 도요토미 가문의 본거지인 오사카를 공격했다. 처음 공격은 겨울에 있었으며 어렵지 않게 이길 수 있을 것으로 생각했으나 당초 예상보다 장기화, 화평 조약을 맺었지만 결국 여름에 다시 시작된 공격을 통해 도요토미 가문은 무너지게 된다.

94 세키가하라의 전투
도요토미 히데요시 사후 실질적 패권을 잡기 위해 히데요시 생전 라이벌이었던 도쿠가와 이에야스와 히데요시의 가신인 이시다 미츠나리가 저마다 자신에게 동조하는 세력을 이끌고 세키가하라에서 맞붙은 싸움. 일본사에서 가장 규모가 큰 전투 중 하나이다. 단, 규모만 컸다. 동원된 병력 수는 많았지만 이시다 휘하의 장수가 연이어 배반하면서 단 하루만에 승패가 결정되고 말았다. 믿을 만한 사람 찾기 참 힘들다는 교훈을 얻을 수 있다.

당시의 전국 무장에게 있어서 자식이 적다는 것은 이 정도로 커다란 문제였던 것입니다.

그것을 본 이에야스는 하렘의 일종인 오오쿠[95]를 만들었는데, 이것을 더욱 확대시킨 것이 8대 쇼군 도쿠가와 요시무네[96]입니다. 이 사람은 키슈 지방의 셋째 아들이라는 상당히 멀리 떨어진 핏줄이었는데도 쇼군으로 급거 발탁되었습니다. 핏줄이 가까운 사람들이 계속 죽어 나간 결과, 이에야스의 피를 가장 진하게 이어받은 사람이 요시무네가 되어 갑자기 쇼군이 된 인물입니다.

역사의 우연이 만들어 낸 인물이었던 것입니다.

요시무네는 자신처럼 후계권이 십몇 위인 사람이 쇼군으로 발탁되는 사태를 경험하게 되고, 사실 도쿠가와의 피라는 것은 의외로 약하다는 것을 깨닫게 됩니다. 그것은 바꿔 말하면 자신의 자식이 쇼군 직을 계속 맡을 수 있을 것인가도 확실하지 않다는 뜻이었습니다. 그래서 오오쿠라는 시스템을 더욱 튼튼하게 만들어서 자식을 산더미처럼 많이 생산하기로 결정했습니다. 그에 따라 첩도 대규모로 맞이하여 아이를 쉴 새 없이 만든 것입니다.

그 정도로 많이 낳으면 아무리 그래도 남겠지 싶겠습니다만, 또 그렇지가 않았습니다.

남자아이가 태어나면 양자로 내보냅니다. 친척 관계도 없고 이전

---

95 오오쿠
일본의 지배자인 쇼군과 가족이 사적인 생활을 가지는 장소를 가리킨다. 하렘과 많이 비슷한 일본어 단어라고 할 수 있다.

96 도쿠가와 요시무네
에도막부의 8대 쇼군. 막부 개혁을 통해 파탄을 향해 가던 정부 재정을 되살려 놓은 인물로 당시의 명군 중 한 명으로 인정받고 있다.

에 가신 관계도 아니었던, 말하자면 쇼군과 거의 아무런 관계가 없는 영주를 토자마 다이묘[97]라고 하는데, 이 토자마 다이묘들에게 자신의 자식들을 양자로 줄지어 보내는 것입니다.

그 당시 각 지방 영주의 후계자를 누구로 할 것인가 결정할 때는 쇼군의 승인이 필요했습니다. 그럼 후계자는 당연히 양자로 보낸 자신의 아들로 하라는 이야기가 되는 것입니다. 결과적으로 해당 지방은 후계자가 정해진 순간부터 도쿠가와 가문이 됩니다.

여자아이가 태어나면 근처의 다이묘에게 시집보냅니다. 그곳에서 태어난 아이는 자신의 피를 반은 이어받게 됩니다.

이처럼 도쿠가와막부의 지배를 흔들림 없는 굳건한 것으로 만들기 위해 오오쿠라는 하렘을 만들어 자식을 산더미처럼 만든 뒤, 그 자식들을 각지의 지사장으로 배치했습니다. 요즘 말하는 친족 경영입니다.

이 정도로 명확한 목적이 있었기 때문에 엄청난 경비를 들여서 하렘을 만든 것입니다. 단순히 쾌락만을 목적으로 하렘을 만든 지배자는 세계 역사를 통틀어 봐도 북한 정도밖에 없습니다.

세계를 지배하면 '여자 같은 건 내 맘대로 골라잡는다.' 같은 생각이 들겠지만 의외로 그렇게는 안 되는 모양입니다. 김정일이라는 세계에서도 찾아보기 힘든 쾌락 추구 스타일의 지배자가 '기쁨조'라는 것을 만든 정도가 한계인 모양입니다.

일본의 왕이나 중국의 후궁처럼 조직적으로 자식들을 만들어서 자

---

97 토자마 다이묘
다이묘는 무사 중에서도 많은 영지와 부하를 거느린 무사를 가리키는 말이다. 도쿠가와 가문이 일본의 권력을 잡으면서 다이묘들의 출신 성분에 따라 차등을 두었는데, 토자마 다이묘는 바깥에 있는 다이묘라는 뜻으로 세키가하라의 전투 이전, 도쿠가와 가문에 특별히 협력한 적 없는 다이묘들을 가리킨다.

신의 핏줄과 자신의 일족이 세계를 지배할 것이라는 정도의 계획을 세우지 않으면 하렘의 운영은 생각만큼 잘 돌아가지는 않을 것 같습니다.

'후계자'라는 문제

자, 세계 정복은 성공했습니다. 전 세계 사람들이 당신에게 무릎을 꿇고 엎드립니다. 동상도 세워졌고 하렘도 운영하고 있습니다. 남은 것은 이 최고의 상태를 어떻게 유지하느냐 하는 부분입니다.

여기서 생기는 것이 후계자 문제입니다.

제아무리 부지런한 지배자라도 사람입니다. 60세, 70세가 지나서도 지배자로서 팔팔하게 일하고 싶다는 생각을 하는 경우는 많지 않을 것이라 생각합니다. 아마 당신 역시 마찬가지일 겁니다. 일반적이라면 당신의 후계자에게 뒤를 맡기고 느긋한 여생을 즐기고 싶다는 생각을 할 것입니다.

후계자는 역시 당신의 자식이 무난할 것입니다. 물론 우수한 부하라도 괜찮기는 합니다만, 일단 우수한 사람이 지배자가 된다는 전례를 만들어 버리면 후계자 싸움이 시작되는 것은 불을 보듯 뻔합니다.

자신이 우수하다고 생각하는 사람은 진짜 우수한 사람보다 그 수가 엄청나게 많습니다. 누군가 "내가 우수하다."라고 주장하면 다른 누군가가 "아니, 내가 더 나아."라고 응수하며 조직 내에서 싸움이 끊이지 않게 됩니다. 유유자적하게 즐겨야 할 당신의 여생 또한 흔적도 없이 사라지게 될 겁니다.

이제부터는 세계 정복을 할 정도의 능력은 필요 없고 유지하는 것만으로도 충분합니다. 더 이상 싸우는 것은 절대 사양하고 싶습니다. 능력은 그럭저럭, 모두가 적당히 받아들일 수 있는 사람을 후계자로 선택하는 쪽이 지배에는 훨씬 더 안정적입니다. 그런 이유로 당신의 자식을 지명하는 것이 가장 무난한 방법이 되는 것입니다.

그러나 여기서 문제가 생깁니다. 세계를 지배한 뒤에 생긴 자식들은 대체적으로 착한 아이로 성장합니다. 젊은 시절에는 헝그리 정신으로 가득 차 있던 당신도 이제는 나이를 먹어서 둥글게 되었을 것이라 봅니다. 그런 당신의 자식이 "나쁜 짓이 가장 좋아."라면서 "아빠, 고양이를 죽였어. 용돈 주세요." 같은 소리를 한다면 조금도 기쁘지 않을 것입니다.

'나는 나쁘지만 자식은 착한 아이로 자랐으면 좋겠다.'고 생각하는 것이 어리석은 부모 마음입니다. 그 결과 대부분의 자식들은 우유부단하고 나약한 아이로 성장하고 맙니다.

'니코니코뿅[98]'이라는 NHK의 유아 방송이 있습니다. 산 고양이 쟈쟈마루와 펭귄 피콜로, 그리고 뽀로리라는 쥐까지 세 주인공이 등장하는 탈인형극입니다. 그 3인조 중 하나인 뽀로리는 해적의 손자라는 설정입니다. 할아버지가 해적이었던 것입니다. 하지만 뽀로리는 음악을 좋아해서 바이올린이 특기인데다 마음이 착했습니다. 때문에 할아버지는 크게 화를 낸 후 "너 같은 녀석이 해적이 되기 위해선 수행을 해야겠다!"라면서 니코니코섬에 뽀로리를 보낸 것입니다.

'니코니코뿅'의 뽀로리가 주인공인 화에서는 스토리가 '마음 착한 뽀로리가 쟈쟈마루처럼 개구쟁이가 되고 싶어 한다.'는 내용의 성장물이 됩니다.

---

98 니코니코뿅
1982년부터 1992년 사이에 NHK에서 방송된 유아용 프로그램.

자신의 뒤를 이어야 할 자식이나 손자가 뽀로리처럼 나약한 아이로 큰다는 것은 충분히 우려할 만한 사태입니다. 분명 쟈쟈미루 같이 야심기에다 수완이 좋은 부하에게 휘둘려 이용만 당할 것이 뻔하기 때문입니다.

세계를 정복한 뒤에 당신이 결혼한다면 아내는 평범하고 마음씨 착한 사람을 고르겠지요? 그렇게 착한 어머니가 키운 아이입니다. 그것도 부족한 것은 아무것도 없이 소중하게 자란 아이입니다.

"악의 지배자로서 일류가 되어라." 같은 말을 해도 어려운 이야기입니다. 아들을 지나 손자 대에 이르면 이제 "니코니코섬에 가라!"라고 할 수밖에 없는 상황이 틀림없이 오게 됩니다.

그렇기 때문에 조직 붕괴가 일어나기 쉬워집니다. 자기 세대에서는 어떻게든 악을 지켜 낼 수 있겠지만 시간이 지남에 따라 서서히 묽어져 갈 수밖에 없는 것입니다.

누구나 자신의 아들 앞에서는 멋있는 아버지이고 싶고 손자 앞에서는 상냥한 할아버지이고 싶은 법입니다. 물론 부하 앞에서는 의지할 수 있는 상사이고 싶겠지요.

방금 전까지는 "실패한 자는 용서치 않는다."든가, 조금 야한 농담을 했다고 "가미라스에 천박한 남자는 필요 없다."며 사람을 죽이던 지배자라도 세계 정복에 성공하면 사람이 바뀝니다. '약간의 실패라면 뭐 봐줄 수도 있지.' 하는 생각이 들게 됩니다.

"신경 좀 써라."라든가, "세계 정복을 위해 고군분투하던 시절의 나였다면 넌 죽었을 거다."라든가, 그것도 아니면 별 내용도 없는 설교를 괜히 한 번 하는 것이지요.

어떻습니까?

세계 정복을 결심했을 때부터 정복한 뒤 생기는 걱정거리까지 죽 이어서 논스톱 가상 경험을 해 보셨습니다. 그러면 다음 장은 드디어 최종 장, '악이란 무엇인가', '지배란 무엇인가', '세계는 무엇인가'에 대한 이야기입니다.

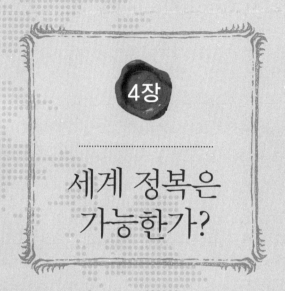

4장

세계 정복은
가능한가?

1

'자기 혼자만 잘 먹고 잘사는 것'은 가능한가?

자, '세계 정복 입문'도 마침내 마지막 장입니다.

지금까지 우리들은 여러 가지 세계 정복 패턴에 대해 생각해 보고, 악의 조직에 대해서도 생각해 보았습니다. 독자인 당신에게도 익숙하지 않은 '악의 제왕'이 되어 보기를 권했습니다.

결국 '나쁜 짓을 하는 것은 의외로 매우 힘들구나.'라든가 '나쁜 짓을 한 뒤에 과연 언제까지 나쁜 놈으로 남아 있을 수 있을 것인가?' 혹은 '가족이 생겨서 착한 일을 해야 한다면 악의 조직은 어떻게 되는 것인가?' 따위의 고민이나 망설임이 스멀스멀 생겨나는 것을 알 수 있습니다.

'악'이란 것은 대체 무엇일까요?

잔혹한 것?

자기 멋대로인 것?

자기 일족만 행복해지길 원하는 것?

공정하지 못한 것?

아니면 지온처럼 그저 '졌기 때문에 악의 오명을 쓰게 된 것'일까요?

무엇이 '악'일까 확 와 닿지가 않습니다. 동시에 '지배'란 무엇인지도 잘 모르겠습니다.

지배한다는 것은 대체 무엇을 말하는 것일까요?

국민 전부를 가난의 밑바닥에 몰아넣고 자기 혼자만 호화롭게 사는 것?

자기 마음이나 변덕으로 사람을 얼마든지 죽일 수 있는 것?

전 인류에게 존경받는 것?

'지배'란 무엇일까요? 좀처럼 명확한 답을 내기 어렵습니다.

이 세계 전부를 지배하고 사람들을 노예로 부리며 자기만 초호화판 생활을 하는 것?

그렇다면 그것을 '세계 정복'이라고 생각해도 되지 않을까요?

하지만 현실은 그렇지 않습니다. 예를 들어 북한을 생각해 봅시다. 북한은 독재자 김정일이 '지배'하고 있는 나라입니다. 물론 입장이나 정치적 자세에 따른 반론도 있겠습니다만, 일단 여기서는 '국제 여론'을 기초로 이야기하도록 하겠습니다.

김정일은 북한이라는 국가를 사실상 지배하고 있습니다. 인민을 노예처럼 부리며 굶어 죽기 직전까지 몰아넣었으면서도 변변한 관리 하나 하지 않고 자신과 그 일족만이 사치 삼매경에 빠져 살고 있습니다.

그런데 기묘한 것은 김정일의 '사치'라는 것이 대부분 수입품에 의존하고 있다는 점입니다. 즉, 북한은 사치품을 자신들이 직접 만들 수 없는 것입니다. 자기가 부리는 노예에게 사치품을 만들게 하려고 해도 자본주의 국가의 상품과는 도저히 상대가 되지 않습니다.

예를 들어 김정일은 엄청난 영화 마니아로, 1년 내내 할리우드 영화 필름을 수입하여 자기 집에서 보고 있습니다. 하지만 그가 정말로 북한을 정복했고 그만한 부가 있다면 북한의 감독에게 영화를 찍게 하는 편이 더 만족스러울 것입니다.

물론 그는 자기가 좋아하는 스토리, 자기가 선택한 감독, 자기가 좋아하는 타입의 여배우를 주인공으로 선택하여 영화를 만들고 있습니다. 하지만 그것은 '자기 마음대로' 만든 것뿐입니다. 재미라는 면에서는 할리우드의 영화를 당하지 못하고 일본의 애니메이션에도 미치지 못합니다. 어째서일까요?

'물질적인 풍족함'이라는 것은, 예를 들어 쌀이 몇 가마냐 하는 것처럼 분량만이 문제라면 북한 혼자서도 어떻게든 할 수 있을 겁니다. 국민 전부를 가난하게 만들더라도 자기 혼자만 쌀을 모은다면 그 나라에서 가장 쌀을 많이 가지고 있는 인간이니까 '풍족'하다고 말할 수 있을 것입니다. 즉, '국민 모두가 가난하고 왕만 잘 먹고 잘산다.'는 것은 물질적인 부분만 생각한다면 성립한다고 볼 수 있을 것입니다.

중세 유럽도 그런 곳이었습니다. 우리들이 생각하는 '독재자만이 부귀영화'라는 이미지도 그런 전근대사회였기 때문에 성립할 수 있었던 것입니다. 그런 '전근대사회'의 지배자상은 반드시 그렇다고 해도 좋을 정도로 뚱뚱합니다. 왜냐하면 '뚱뚱함 = 풍족함', '날씬함 = 지배당함'인 사회였기 때문입니다.

그러나 현재 우리들이 살고 있는 세계로 말할 것 같으면 어떻습니까? 지배자, 즉 대통령이나 대기업 사장들은 그다지 뚱뚱하지 않습니다. 우리들의 사회는 이미 '물질적 풍요'를 졸업했기 때문이라 할 수 있습니다.

그렇기 때문에 김정일은 '물질적으로는 풍요'롭지만 그것만으로는 결코 충분하지 않습니다. 그가 원하는 것, 동경하는 것은 모두 북한 밖의 '다른 풍요로운 세계'에 있기 때문입니다. '다른 곳에 있는 풍요'란 무엇일까요? 그것은 김정일이 수입하고 있는 물건들입니다.

북한에서는 절대 생산할 수 없는 '재미있는 것', '호화로운 것', '즐거운 것'입니다. 그런 오락을 자기 나라에 사는 가난한 국민을 시켜서 만드는 데에는 한계가 있습니다. 지도자가 재미있다고 생각한 것을 명령대로 만든다. 그것만 가지고는 정말 재미있는 것이 생겨날 수 없습니다.

그와는 반대로 자유주의 국가 사이의 경쟁에서 생겨난 것, '재미있는 것끼리의 경쟁'을 통해 많은 사람의 지지를 받아서 살아남은 것이 진짜 '재미'입니다.

아무리 김정일이라고 해도 자기 국민에게 만들라고 시킨 자기 취향 100퍼센트의 영화보다도 할리우드 경쟁 속에서 살아남은 엔터테인먼트 쪽이 재미있습니다.

자, 그런 '자유 경쟁에서 태어난 재미있는 것'을 사기 위해서는 돈이 필요합니다. 외화입니다. 외화라는 것은 바로 다른 여러 나라의 물건을 살 수 있는 돈이며 일반적으로는 달러입니다.

김정일은 북한의 돈이라면 얼마든지 가지고 있지만 북한의 돈은 국제적인 가치가 낮기 때문에 다른 나라의 돈을 벌어야만 합니다. 즉, 무역을 하지 않으면 안 됩니다. 무역을 해서 돈을 벌 수밖에 없습니다.

그 때문에 마냥 벼농사만 짓고 있어서도 안 됩니다. 다른 나라 사람들이 원하는 것을 만들 수밖에 없습니다. 이것이 국제 무역의 기본입니다. 다른 나라의 사람들이 원하는 수출품을 만들어야만 합니다.

그런 수출품을 만들고자 한다면 국민을 풍족하게 만들 수밖에 없습니다. 앞서 말했던 것과 같이 풍족한 나라에는 재미있는 영화나 사치품이 넘쳐 납니다. 그런 물건과 싸우기 위해서는 자신의 국민을 풍족하게 만들고, 그 기반 위에서 수출품을 만들어 외화를 벌어야 자신이 좋아하는 영화도 살 수 있게 됩니다. 자신이 독재자가 되었을 때 국민이 노예라면 나라는 번영하지 않습니다. 나라가 풍족하다는 것은 무엇인가? 그것은 권력자가 풍족한 것이 아니라 국민 전체의 총생산이 풍족하다는 것을 말합니다.

왕이 국민의 무역에 극단적인 세금을 매기던 시대, 아담 스미스는 그의 대표작 『국부론』에서 부의 개념을 '노동 생산력의 증대'라고 정의했습니다.

실제로 나라가 번영한다는 것은 국민 각각의 교육 정도가 높고 국민 개개인의 수입이 많다는 것을 뜻합니다. 그렇게 되면 설령 그 나라가 독재 국가라고 하더라도 결과적으로는 독재자뿐만이 아니라 그 나라가 풍족해집니다. 나라가 풍족해지면 달러와의 교환 비율도 높아지게 되고, 그로 인해 다른 나라의 물건을 살 수 있게 됩니다. 그렇게 되어야 비로소 독재자가 좋아하는 것을 마음대로 사서 풍족하게 지낼 수 있는 것입니다.

권력자가 국민의 생활수준을 낮게 억제시킨다고 이득을 볼 수 있느냐 하면 전혀 그렇지 않은 것입니다. 국민의 생활을 끌어올리지 못하면 자신도 사치스럽게 살 수 없는 것입니다. '사람들을 노예로 부리는 편이 더 풍족하게 살 수 있다.'는 것은 커다란 오산입니다.

또 다른 예를 들어 보겠습니다.

남북전쟁이라는 것이 있습니다. 미국에서는 시빌 워(시민전쟁)라고 부르고 있습니다. 미합중국이 남북으로 나뉘어 싸운 내전으로, 그 쟁점은 '노예 제도'였습니다. 미국의 남부는 노예 제도의 유지를 주장하고 미국의 북부는 노예 해방의 깃발을 내걸었습니다.

자, 이 전쟁에 대해 이야기할 때 '인도적인 견해 차이로 전쟁이 일어났다.'고 생각하는 사람이 의외로 많습니다. 그러나 이 전쟁의 쟁점이었던 '노예 해방을 할 것인가 말 것인가'는 사실 경제 문제입니다. 즉, '남군 = 노예주의 농업 경제'와 '북군 = 자유주의 공업 경제'의 싸움이었던 것이지요.

노예주의 농업 경제라는 것이 무엇일까요? 생산에 필요한 것은 거의 다 노예를 무급으로 부려서 만든다는 것, 즉 농산물을 원가 0원으로 만들어야 지배자 계급이 풍족하게 된다는 사고방식입니다.

이 전쟁의 결과 남군은 패했습니다. 전략이 나빴다든가, 원래부터 소수파였다든가 하는 여러 가지 원인이 있었겠지만 무엇보다도 '자유주의 경제 쪽이 노예주의 경제보다 돈을 잘 벌 수 있다.'는 사실 앞에 저항할 수 없었던 것입니다.

노예주의 경제에는 근본적인 결함이 있었습니다. 그것은 아무리 원가를 낮춰서 물건을 만들어도 그것을 살 사람이 없기에 별 이득이 없었다는 것입니다. 북부의 자유주의 경제에서 노예는 해방되어 흑인 노동자가 됩니다. 그리고 노동자라는 존재는 일해서 돈을 벌면 이번엔 '소비자'로서 물건을 사게 되는 것입니다.

노예였던 시절에는 아무리 자신이 열심히 일해도 생활이 나아지지 않았습니다. '주인 양반'이 심성이 착하고 씀씀이가 크면 다행이지만 자신이 '주인'을 고를 수는 없습니다. 자연히 노예들의 대다수는 계속 무기력해져 갑니다. 이래서는 생산성이 올라갈 수가 없습니다.

그러나 해방된 노예들은 '노동자'입니다. 일하면 급료를 받을 수 있고 그 액수도 개인이 하기에 따라서 차이가 생깁니다. 노예 시절에는 '아무리 열심히 해도 똑같으니' 포기한 상태였으나, 해방이 되자 순식간에 마음이 새롭게 바뀝니다.

일하면 돈을 벌 수 있다. 돈만 있다면 백인과 마찬가지로 호화로운 삶을 맛볼 수 있다. 돈만 있다면 의사에게도 갈 수 있고, 자신의 아이를 학교에도 보낼 수 있다.

이렇게 해방된 노예들은 '노동자 = 소비자'가 되었습니다.

그러나 남부 흑인들은 그대로 노예였기 때문에 아무리 일해도 돈을 벌 수 없었습니다. 인구의 과반수인 노예들이 물건을 살 수 없었습니다. 즉, 아무리 물건을 만들어도 국내에 소비자가 없었기 때문에 경제가 잘 돌아가지 않았습니다.

그 결과 남군은 북군에 비해 경제력이 떨어졌고, 전쟁이 장기화됨에 따라 장비 등의 격차도 눈에 띄게 벌어지게 되었으며, 마침내는 패배하게 된 것입니다.

우리들도 세계 정복을 할 때나 인류를 지배할 때, 인류는 가난하게 놔두고 자기 혼자서만 잘 먹고 잘살려는 생각을 한다면 반드시 발밑이 무너지게 되어 있습니다. 일본을 지배한 경우라면 다른 나라가 그런 결점을 찌르려고 할 것이고, 지구 전체를 지배한다고 해도 자기 혼자서는 지구 인류 전체가 반란을 일으켰을 때 막을 방법이 없습니다.

반란을 막기 위해서는 부하들도 꿀맛을 봐야 합니다. 그러지 않을 경우, 일족이 커지면 커질수록 불공평하다는 생각을 품는 자들이 점점 늘어나 통제할 수 없게 됩니다. 앞 장에서도 말했던 대로 악의 조직이라는 것은 기본적으로 윤리 의식이 낮기 때문에 배신자도 많이 나옵니다.

'자기 혼자서만 풍족하고 호화롭게'는 무리인 것입니다. 그것은 역사가 증명하고 있습니다.

2.
'지배'라는 것은 무엇인가?

여기서 잠깐 '지배란 무엇인가?'에 대해 생각해 봅시다.

정치 평론가나 저널리스트들은 '미국의 세계 지배'라는 단어를 자주 사용합니다. "글로벌 스탠더드라는 미국 패권주의를 밀어붙이고 있다."고 말하는 사람도 있습니다. 어째서 '글로벌 스탠더드를 밀어붙이는 것'이 '지배'로 이어지는 것일까요? 그것은 오랜 옛날, 지금부터 2천 년도 더 이전의 유럽에 해답이 있습니다.

일찍이 로마제국은 지중해 세계를 '지배'하고 있었습니다. 지중해 연안은 물론이고 아프리카 대륙이나 중동, 독일을 넘어서 현재의 영국까지 지배의 손을 뻗치고 있었습니다. 매우 다양한 민족과 종교, 국가가 섞여서 존재하는 유럽 세계를 현재의 EU가 통일한 것보다 2천 년이나 앞서서, 더 넓은 영역을 통일한 대제국이었습니다.

로마제국은 독재자가 지배하고 있었습니다. 아니, 사실 그렇다기보다 독재자라는 단어 자체가 로마제국의 정치 시스템에서 태어난 용어입니다.

원래 공화국이었던 로마는 여러 전쟁이나 국내의 혼란에 대처하기 위해 신속하고 공평한 판단을 내릴 통치자 제도를 만들었습니다. 그것이 '독재관'입니다.

장로들의 추천과 시민의 선거에 의해 독재관 '딕타토르'를 선출합니다. 이렇게 되면 그 전까지는 의회를 통해 아주 길게, 때로는 몇 년이나 질질 끌어왔던 현안도 순식간에 결정이 납니다.

독재 제도는 당시 로마제국이 가지고 있던 혼란을 단번에 해결했습니다. 지금 우리들 입장에서 보자면 딕타토르는 '대총통'이나 '사장'이라고 번역하는 쪽이 더 이해가 쉬울 것 같습니다.

독재관 딕타토르는 공화제 로마에서 황제 정치로 이동했을 때 '황제'라는 뜻으로 바뀝니다. 독재관이 임기제였던 것에 비해 황제는 기본적으로 종신제였습니다.

독재 제도 시절, 임기 문제로 고생했던 율리우스 카이사르가 만들려고 한 '종신 독재관'이라는 시스템이 황제 제도입니다. 카이사르가 죽은 뒤, 한때 공화제로 돌아가려고 한 로마에서 옥타비아누스는 황제 취임을 선언(이 정도의 로마제국 역사는 서구 여러 나라에서는 상식에 속합니다. 예를 들어 '스타워즈' 이야기를 이해하기 위해서는 '공화제 → 황제정'의 이해를 빼놓을 수 없습니다만 그런 부분을 짚고 넘어가는 스타워즈 이론은 별로 읽어 본 적이 없습니다.)합니다.

자, 이 로마제국의 황제는 선거로 뽑히게 됩니다. 그러나 우리들이 생각하는 황제와는 조금 다릅니다. 이 선거에서 뽑힌 황제나 독재관은 어째서인지 정복당한 민족 가운데에서 나오는 일이 많았습니다.

이거, 상당히 이상합니다. 예를 들어 일본이 옛날 한국을 강제 병합했을 때, 한국에서 일본의 수상이 나올 수 있었습니까? 나올 수가 없었습니다. 반면 로마인이라는 것은 민족주의가 아닙니다. 따라서 정복한 민족이 우수하다면 그중에서 독재관이나 황제를 선출하는 것입니다. 즉, '로마인'이라는 것은 민족이 아니라 로마제국의 정치사상이나 생활 의식 등 '로마주의'를 믿고 지지하던 개인의 집합이라고 파악할 수 있습니다.

자, 이야기를 현대로 되돌려서 미합중국에 대해 생각해 봅시다.

미국은 '로마제국의 후예'를 자칭하고 있습니다. 의회 제도는 상원과 하원으로 나뉘어 있지만 이것은 영어로 Senate와 Representatives, 즉 '원로원'과 '대의원'입니다. 완전히 로마 의회와 똑같은 이름, 그렇다기보다 로마제국의 시스템을 그대로 모방한 것이라 하겠습니다.

대통령도 공화제 로마의 독재관과 거의 같습니다. 강대한 권력을 가지지만 의회의 승인을 필요로 하는 것까지 똑같습니다.

로마제국이 지중해 세계를 정복하고 있었던 시절을 팍스로마나, 즉 '로마에 의한 평화'라고 부릅니다. 국가끼리 계속 싸우는 것보다는 강대한 제국이 지배하고 그 대신 분쟁이 없는 세계라는 것을 의미합니다.

현대의 미합중국은 미국에 의한 세계 지배를 팍스아메리카나라고 생각하고 있습니다. 의회나 대통령제의 모방을 통해 '로마제국의 정당한 후계자'임을 내세우고 있는 그들다운 생각 방식이지요.

평론가들은 '미국의 세계 전략'이나 '미국주의에 의한 세계 제패' 같은 말을 자주 하는데요, '로마제국의 후계자'를 자칭하고 있을 정도이니까 세계를 제패하려는 것은 아주 당연한 일입니다.

'다양한 국가의 집합인 인류는 그대로 놔뒀다간 지역 분쟁, 전쟁을 멈추지 않는다. 강대한 하나의 나라(로마나 미국)가 이를 지배, 통치함으로써 평화를 지킬 수 있다.'는 것이 로마제국의 발상입니다. 미국이 다른 나라의 분쟁에 개입하는 것도 세계 평화를 위해서는 당연한 것입니다. 세계를 평화롭게 유지하는 것이 미국에게는 가장 큰 안전보장이기 때문입니다.

과거 로마제국은 속국에 대해 '로마적인 생활 의식'을 요구했습니다. 정복한 이민족의 도시에 상하수도를 만들고, 대규모 목욕탕을 세우고, 로마식 신전을 만들고, 거기에 도로까지 정비하여 무역을 권했습니다.

언뜻 보기에는 좋은 면만 있는 것 같으나 이것을 실행하면 '이민족'은 더 이상 이민족이 아니게 됩니다. 그들 나름대로 선조에게서 이어받은 생활양식이 순식간에 로마식으로 뒤덮이게 됩니다. 항의를 하는 것도 로마식으로 '회의에 대표를 보내어 정치적으로 해결'하는 방식을 익힐 수밖에 없습니다.

그러는 사이 언제부터인가 이민족들은 로마식 발상을 하게 되고, 로마식 가치관으로 생각하게 됩니다. 로마인들은 이것을 '문명화'라고 불렀습니다.

미국이 지금 하고 있는 것도 기본적으로는 이것과 똑같습니다. 미국 자신이 보호하고 있는 나라에 미국이 요구하는 것이 '자유 시장과 민주주의'입니다. 이것이 미국이 생각하는 '미국주의'라고 할 수 있습니다.

일본이나 아시아 나라들은 미국에게 지배되었을 때, 고유의 문화는 순식간에 빛이 바래고 신분 제도는 해체되었으며 '자유주의, 자유 시장과 민주제도'가 뿌리를 박았습니다. 덕분에 지금도 국제 여론에 호소하기 위해서는 UN이라는 의회에 대표를 보내는 것이 당연한 일이라고 믿어 의심치 않습니다.

이것은 사실 로마제국에게 지배당하던 민족이나 국가와 완전히 같은 발상인 것입니다. 언제부터인가 '미국의 방식'이 아주 당연하고, 그것이 국제사회의 상식이라는 사고방식이 만연합니다. 그것을 '글로벌 스탠더드'라고 부르는 것, 이것이 미국의 지배가 완료되었다는 가장 큰 증거입니다. 글로벌 스탠더드라는 것은 일찍이 로마인이 '문명화'라고 하던 것과 같은 의미를 가진다고 할 수 있을 것입니다.

자, 그럼 미국은 정당한 로마제국의 후계자일까요?

저는 사실 이 점에 대해서 의문을 가지고 있습니다.

로마제국이 원했던 것은 어디까지나 '로마에 의한 세계 지배'였지 '로마인에 의한 세계 지배'는 아니었습니다. 그들이 생각한 로마인의 정의 자체부터가 '로마적인 것 = 문명적인 가치관을 가진다면 누구나 가능한 것'이었습니다. 그렇기 때문에 로마는 이민족에게 시민권을 정말 간단히 내주었습니다. 앞에서 말했던 것처럼 지배한 민족 가운데에서 독재관이나 황제를 선택하는 것도 당연한 일이었습니다.

이 전통을 잘 알고 있기 때문에 미국은 일찍이 '이민의 나라'인 것을 긍지로 생각하고 있었습니다. 자유의 여신상에는 '피곤한 자와 가난한 자 모두 내게로 오시오. 그렇게 갈망하던 자유를 호흡하시오.'라는 비문이 자랑스럽게 새겨져 있습니다. 이민자가 대통령이 될 수 있는 나라, 그것이야말로 미국이 목표로 삼은 '로마제국의 후계자'가 갈 길인 것입니다.

그러나 현실의 미국은 그 정도로 '자유'롭지는 않습니다.

생각해 보니 그럴 만합니다. 미국이라는 나라는 '미국주의'로 세계를 지배하려고 합니다. 혹시 이 기세로 미국이 세계를 지배하게 된다면 어떻게 될까요? 아마 대통령은 중국인이 될 것입니다. 왜냐하면 선거를 한다면 중국인의 표가 가장 많을 것이고, 아시아의 근면함을 백인이 당

한국 추리소설의 대가, 명탐정으로 돌아오다!

여름날 바캉스, 세계 여행을 주제로 펼쳐지는 추리단편
기기묘묘한 트릭을 통해 명탐정과 대결하는 추리의 세계
세계를 주름잡은 명탐정 소개까지
한여름 무더위를 가시게 해 줄 추리소설의 버라이어티 쇼!

정통파 추리소설 작가 이상우의 작품은 언제
나 독자의 가슴을 조마조마하게 만든다. 『이
상우의 미스터리 북』은 이러한 클래식 추리
소설의 재미를 담뿍 담은 단편들과 추리를 이
해하는 데 꼭 필요한 상식을 재미있게 풀어 놓
았다. 올해의 무더위도 미스터리를 풀면서 넘
길 수 있을 것 같다.

『위험한 외출』작가 노원

이상우의 미스터리 북
이상우 지음 | 값 11,000원

우리는 상상의 경계를 허문다. 우리는 이야기의 힘을 믿는다. 새파란상상
'새파란상상'은 파란미디어의 중간 문학(middlebrow literature) 브랜드입니다.
blog _ blog.naver.com/neoparan21 e-mail _ paranbook@gmail.com

찌질하고 부조리한 삶은 이제 모두 삼진 아웃!
대한민국 모든 유쾌발랄찌질궁상 청춘들에게
한 자루 비도 같은 강속구를 던진다
이 꽃 같은 세상이 말이 되냐!

이원식 | 시간만 나면 야구. 사회인 야구단 '마포 새됐스'의 2루수 겸 중간 계투. 하루를 던지면 며칠은 쉬어야 하는 유리어깨를 가지고도 야구 생각뿐이던 어느 날 그분을 만나 기적적으로 어깨에 강속구를 장착한다. 결국 회사에서 잘리더니, 프로에 가겠다는 게 말이 되냐.

고남일 | 서울대 야구부 후보 선수 경력이 유일한 자랑거리인 잡학광. 이원식과 함께 때 아닌 '입산 야구 수련'을 떠나지만 야구인의 길은 힘들고 멀기만 하다. 그나저나 프로야구에서 왼손잡이 유격수가 말이 되냐.

이선희 | 예쁘장한 직장 동료인 줄로만 알았는데 알고 보니 야구 마니아. 잘 아는 한의사가 있다더니, 끌고 간 곳은 영업을 하나 싶은 낡은 모텔. 언제나 이원식에게 기적을 가져다주는 그녀. 이렇게 멋진 아가씨가 이원식을 도와주는 게 도대체 말이 되냐.

말이 되냐
박상 지음 | 값 11,800원

첫사랑증후군

양서현 지음 | 값 11,000원

스무 살, 가족을 잃고 첫사랑에 빠진 나이
스물아홉 살, 직장을 버리고 두 번째 사랑을 만난 나이
이제, 불치병 같던 첫사랑에 작별을 고한다

내년이면 서른, 패션 디자이너로 일만하며 살다 불쑥 직장을 그만두었다. 친구였고, 애인이었고, 유일한 가족이던 남자에게 배신당한 후 지독한 '첫사랑증후군'을 앓고 있다.
처음엔 갈색 눈동자와 긴 손가락을 가진 치한이었다가, 점차 담당 의사, 같은 아파트 25층 남자, 기분 좋은 데이트 상대로까지 진화해 간 이민환을 만나기 전까지는 자신에게 그런 증상이 있는지도 몰랐던 헛똑똑이 소심女.

중매결혼

연애 유전자 제로의 커플이 결혼하는 법

신해영 지음 | 각권 9,000원(전2권)

'사랑 알레르기'를 앓는 남자와 '연애치' 여자!
연애 유전자가 없어서 연애는 건너뛰고
일단 결혼부터 하고 본 '요절 복통' 신혼 일기!
결혼 두 달째, 아직도 안 하는 부부?

모르는 사람이 보기엔 완벽한 일등 신랑감 김윤호, 그러나 아는 사람은 다 혀를 찰 수밖에 없는 몹쓸 불치병을 앓고 있다. 누구에게나 다정한 그가 정작 자신이 원하는 단 한 사람 앞에서는 무뚝뚝해져 살기마저 뿜어내니....... 그가 좋아한 여자들은 모두 그를 무서워했다. 그러던 어느 날 운명처럼 등장하신, 몹시 낙천적인 그녀! 불시에 터지는 그녀의 개그에 병세마저 호전되는 것 같다.

해 내기는 어려울 테니까요. 중국인이 대통령이 되고, 정부의 관료와 고위 관직은 전부 인도인이 맡으며, 그 밑에서 일하는 것은 일본인과 한국인이 되겠지요.

민족이나 종교는 묻지 않고 그저 '자유주의와 민주주의'에 충실할 것. 그것만이 '미국인'의 조건이라고, 그들이 로마제국의 후계자라면 이 정도는 자신을 가지고 말할 수 있었으면 합니다.

그러나 미국은 지금 첫 여성 대통령 후보나 흑인 대통령[99] 후보가 출현한 것만으로도 술렁이고 어수선합니다. 한심한 일입니다. "글로벌 스탠더드, 즉 세계 정복을 원하는 국가라면, 자신이 원하지 않더라도 로마제국의 후계자를 자칭한다면 그런 사소한 일로 끙끙대지 마라!"라고 한마디 해 주고 싶어집니다.

세계를 지배한다면 그 모든 것이 '미국'이니까 인종, 민족의 벽을 뛰어넘은 우수한 '개인'이 대통령이 되는 것이 당연할 텐데 말입니다.

나는 미국이 로마주의를 바탕으로 세계를 지배하려고 한다면 잘될 가능성이 있다고 생각합니다. 개인적으로 미국을 좋아한다거나 싫어하는 것 이전에 '이민족을 융합시켜서 의회나 경제에 대한 가치관 자체를 로마화시키고, 우수한 인재라면 자신들의 황제로 쓰면 된다.'는 로마제국의 생각은 오늘날에도 과격하고 날카롭기 때문입니다. 이것이 진정 제국적인 사고방식입니다.

그러나 만약 현재 미국의 지배계급이 '백인에 의한 지배'나 '현재의 재벌 구조가 영원히 지속되도록' 같은 것을 바라고 있다면 멀지 않은 미래에 '미국의 세계 지배'는 붕괴할 것입니다. 이것은 세계를 지배해

---

99 흑인 대통령
이 책이 나온 2007년에는 설마 그런 일이 일어날까 싶었으나 그런데 그것이 실제로 일어났습니다.

온 도구, 즉 '자유주의와 민주주의'를 스스로 부정하는 것으로 이어지기 때문입니다.

지금 미국의 상황을 보면 "그들이 '팍스아메리카나' 같은 이야기를 하기에는 5백 년 멀었다!"고 할 수 있겠지요.

가까운 예를 한 번 들어 보겠습니다.

비유를 한다면 UN이라는 것은 '세계의 학급회의'입니다. "북한은 그러면 안 됩니다."라고 반장인 미국이 말해도 북한의 베스트 프렌드인 중국과 러시아만은 북한을 감싸 줍니다. 귀찮은 문제는 그들도 학급 위원, 즉 UN의 상임이사국이라는 점입니다. 나름대로 체면이나 입장에 신경을 써 줄 수밖에 없습니다. 현재 잠정적인 '세계의 지배자'인 미국에게도 학급회의 운영은 피곤한 일입니다.

자, 이 상황에서 당신이 세계를 지배한다고 해 봅시다. 지배자라는 것은 '학급 위원'이 아닙니다. 모두와 대등하다거나 선거로 뽑힌 대표가 아닌, 좀 더 압도적인 상하 관계를 가지게 됩니다. 가령 '세계라는 학급의 선생님' 혹은 '세계의 교장 선생님'입니다.

선생님에게는 학교를 다니는 모두가 복잡한 문제나 상담거리를 가지고 옵니다.

"선생님, 북한 좀 말려 주세요."

"선생님, 지구 온난화를 어떻게 좀 해 주세요."

"선생님이니까 해 주실 수 있죠?"

이런 말을 모두가 당연한 듯이 하게 될 것입니다.

세계의 독재자나 지배자가 된 순간, 전 세계에서 어려운 문제와 골치 아픈 문제를 들고 올 겁니다. 아일랜드에 사는 할머니의 "고양이가 행방불명이라……."라는 하소연을 시작으로 각개 각국의 사람들이 여러 가지 고민들을 끝도 없이 들고 올 게 뻔합니다. 아니, 아일랜드의 할머니는 농담이라고 쳐도 여러 가지 복잡한 국제 관계 문제에 대한 결정을 내려 달라는 요구가 분명히 들어올 것입니다.

이스라엘과 팔레스타인의 끊이지 않는 분쟁으로 시끄러운 중동이나, 첨예하게 대립하는 티베트와 중국의 갈등 등 역사와 민족의 원한이 복잡하게 얽혀 있는 문제들 때문에 개인 시간은 깔끔하게 증발하고 말 것입니다.

지배당하는 측에서 볼 때, 세계의 지배자라는 것은 '네가 지배한다고? 그럼 이 세계에서 잘 안 돌아가는 일은 다 네 책임인 거지?'인 입장이기 때문입니다.

그게 싫다고 해서 "다들 조용히 해!"라고 하면서 힘으로 지배하려고 한다면 되레 역성을 낼 게 뻔합니다. 단 한 번이라도 사형을 했다가는 "부당한 지배다." 혹은 "지배자가 됐다고 자기 맘대로 하려 든다." 같은 말을 쏟아 내면서 백배로 되돌려주려고 할 것입니다. 그것이 인민이라는 존재가 가진 무서운 점이라고 할 수 있을 것입니다.

로마제국도 유대교를 다루는 데에는 상당히 고생을 했습니다. 그 후에 기독교가 생겼을 때에는 탄압까지 했습니다만, 결국 기독교를 국교로 인정할 수밖에 없게 되었으며 마침내는 그것 때문에 로마제국은 멸망하게 됩니다.

세계를 지배했다고 해서 자기가 원하는 대로 할 수 있는 것이 아닙니다. 거꾸로 귀찮은 일을 떠맡게 되며 누구보다도 공평하고 중립적일 것을 요구받게 됩니다. 마음에 안 들어도 탄압이나 처형을 할 수 없고 억지로 한다면 언젠가는 멸망하게 된다는 것, 그것이 현실에서 '세계 정복'이 가진 모습입니다.

3.
'세계 정복'은 좋은 점이 없다?

사실 '세계 정복'에는 그 노력에 걸맞은 '좋은 점'이 없습니다. 특히 오늘날과 같은 시대에는 더욱 그렇습니다. 옛날, 적어도 2백 년 정도 전에는 '세계를 정복하는 것'에 그것 나름대로 '달콤함'이 있었습니다. '계급제도'나 '특권계층'이라는 문화가 아직 건재했었기 때문입니다.

'오다 노부나가의 사치'를 기억하고 있습니까?

아즈치 거리의 민가에 불을 밝혀 자기 혼자 야경을 즐긴다. 그것은 그 시대이기 때문에 가능했던, 아니, 그 시대이기 때문에 사치스러웠던 것입니다. 지금 우리들이 맛보고 싶다는 생각만 하면 도쿄타워에 가서 820엔을 내고 전망대에 올라가면 되는 일입니다. 선샤인60빌딩이라면 620엔만 내면 됩니다.

예전에 천하 통일을 하지 않으면 맛볼 수 없었던 쾌감이 믿을 수 없는 가격 620엔입니다.

세계의 지배자가 되어 마음껏 사치를 부리고 싶다. 누구라도 한 번쯤 생각해 본 일이겠지요. 하지만 그런 '사치'는 이제 '지배자밖에 맛볼 수 없는 특권'이 아니라 이미 '비싼 것 체험' 정도에 지나지 않게 되었습니다.

일찍이 사치라는 것은 돈으로 살 수 없는 것이었습니다. 팔지도 않았고 무엇보다 그것이 존재하는지도 알지 못했습니다.

아즈치 거리의 사람들은 '야경'이라는 것이 존재한다는 상상조차 하지 못한 채 "앗, 기름이 싸다!"면서 등유를 구입해 생활했을 뿐입니다. 노부나가와 일부 측근만이 '야경'을 알고 있었습니다. 알고 있는 것 자체가 특권입니다. 그런 것이 있다는 것을 알고 있는 것입니다.

세상에는 돈을 내면, 또는 권력만 있어도 이런 좋은 점이 있다는 것을 알고 있는 입장, 그것이 '특권'이며 그런 사람들을 '특권계층'이라고 불렀습니다.

엄청난 가격이 붙어서 일반에 유통된 순간, 그것은 특권도 무엇도 아닌 것이 됩니다. 단지 '가격이 비싼 것'일 뿐입니다. 예를 들어 1억 엔 짜리 페라리라도 1억 엔이란 가격이 붙어 버린 시점에서 사려고 생각한다면 살 수 있는 것이 됩니다.

'엄청난 물건의 가격과 존재를 알고 있다는 것', 그런 지식의 독점이야말로 특권계급의 '특권' 그 자체인 것입니다.

그러나 우리들은 세계의 지배자가 되어도 나만을 위한 자동차를 가지고 싶다고는 생각하지 않습니다. 페라리를 가지고 싶다고 생각하는 것입니다.

왜냐하면 정말로 좋은 것은 밖에서 유통되고 있다는 것을 알고 있기 때문입니다. 진짜 좋은 것은 특정 권력층만을 위해서 만들어지지 않습니다. 천황은 일본에서 가장 맛있는 것을 먹고 있지 않습니다. 옛날에 유명했던 가수인 카노 자매[100]가 더 좋은 것을 먹고 있습니다. 그것이 이 세계의 현실입니다.

왜냐하면 물건을 만드는 사람들도 '특권계급'을 무작정 존경하지 않기 때문입니다. '나의 요리를 알아주는 것은 특권계급 사람들뿐이다.' 혹은 '나의 예술을 이해할 수 있는 것은 귀족뿐이다.'라는 식으로 생각하지 않습니다. '정말로 멋진 것은 많은 사람들에게 받아들여진 것'이라고 생각합니다.

이런 세계에서는 아무리 돈을 모아도 '좋은 것'과 '좋은 체험'을 독점할 수 없습니다. 언젠가는 대중화되어 '모두가 조금 무리하면 체험할 수 있는 것'으로 나아가게 됩니다.

우주여행도 20억 엔에 갈 수 있습니다. 예전에는 한 나라의 왕이나 미국의 대통령조차 원해도 갈 수 없었던 꿈이 이제는 20억 엔입니다. 마천루 최상층의 펜트하우스 한 채 분양 가격밖에 되지 않습니다.

이 '특권계급'의 이야기는 중요하기 때문에 조금 더 계속하겠습니다.

세계를 지배했다고 합시다. 좀 더 규모를 작게 생각해서 비즈니스에서 대성공을 했다고 쳐도 괜찮습니다. 그 순간 당신은 '특권계급'입니다. 그러나 오늘날은 세계 어디를 가도 '특권계급'의 '달콤함'을 별로 맛볼 수 없습니다. 즉, 그 고생까지 한 것치고는 별로 대단하다는 생각이 들

---

100 카노 자매
카노 쿄코와 카노 미카라는 두 명의 여성으로 구성된 유닛. 친자매는 아니다. '토털 뷰티 어드바이저', '토털 라이프 어드바이저'라는 희한한 직업명이 말해 주듯 연기나 노래를 하는 것이 아니라 유행과 콘셉트를 제시하는 연예인이다. 비슷한 예를 들자면 패리스 힐튼이나 앙드레 김을 들 수 있다. 하지만 무엇보다도 가슴을 강조한 복장과 큰 가슴으로 유명하다.

지 않는 것입니다.

신분의 격차를 계급이라고 하고 경제의 격차는 계층이라고 합니다. 현재의 일본에 '계층'은 있습니다만 '계급'은 없습니다. 경제 격차는 존재해도 신분의 차이는 존재하지 않는 것입니다.

'신분'이니 '계급'이니 하는 소리를 들어도 확 와 닿지 않을 것이라고 생각합니다. 하지만 예전에는 여기 일본에도 '계급'이 존재했었습니다. 그 흔적이 의외의 장소에 남아 있습니다. 바로 호텔의 냉장고입니다.

저는 일주일에 한 번씩 오사카에 가서 학생들을 가르치고 있습니다. 그때 오사카의 힐튼호텔에 머무릅니다. 방의 냉장고에는 콜라가 들어 있습니다. 호텔의 냉장고이기 때문에 비쌉니다. 480엔이나 합니다. 캔콜라가 480엔이란 말이지요. 전에는 프런트까지 가서 불만을 말한 적도 있습니다. "왜 이렇게 비싼 거지?" 궁금한 정도를 넘어서 신비한 정도였기 때문입니다.

하지만 이것은 제가 틀렸습니다. 불만을 말해서는 안 됐던 것입니다. 그 가격은 계급의 가격이었던 것입니다.

예를 들어 영국은 아직도 노동자 클래스, 워킹 클래스라는 것이 있습니다. 어퍼 미들이라고 은행에서 일하는 사람과 은행장이 속하는 클래스도 있습니다.

어퍼라고 하는 경영자나 자산가 계급도 있습니다. 어퍼 미들이나 어퍼 계급의 남성을 '젠틀맨'이라고 합니다.

어퍼나 젠틀맨보다 더 위에는 에스콰이어라는 계급이 있습니다. 에스콰이어 클래스는 원칙적으로 태어나서 한 번도 일한 적이 없고 가지고 있는 토지의 수입으로 생활하는 사람들을 말합니다. 이때의 '토지의 수입'은 토지를 빌려 준 수입이 아니라 가지고 있는 토지에서 소작인들이 밭을 일궈서 얻은 수입을 말합니다. 이런 영지를 가지고 있는 사람을 귀족이라고 불렀습니다.

자, 영국에는 펍이라는 술집이 있고 그곳에서는 맥주를 내옵니다. 술집의 한가운데에는 구획이 있어서 '살롱'과 '펍'으로 나뉘어져 있습니다. 오늘날 영국의 계급제도는 붕괴하고 있습니다. 따라서 살롱이든 펍이든 아무 데나 들어갈 수 있습니다. 하지만 40년 전만 해도

노동자 클래스는 펍에만 들어갈 수 있었습니다. 거꾸로 어퍼 미들이 펍에 들어가려고 하면 험악한 눈초리를 받았다고 합니다.

이 살롱과 펍에서 나오는 맥주는 둘 다 완전히 똑같지만 살롱 쪽은 똑같은 맥주가 세 배 정도 비쌉니다. 펍에는 다트 같은 것도 있고 기본적으로는 서서 마십니다. 살롱 쪽에는 소파가 있습니다. 차이라고 한다면 그 정도입니다. 펍 쪽도 앉으려고 한다면 앉을 수 있고, 마찬가지로 살롱도 서서 마시고자 한다면 서서 마시면 됩니다.

노동자 계급 사람들은 돈이 아무리 많이 생겨도 살롱에는 절대 가지 않았습니다. 뿐만 아니라 어퍼 미들 이상의 계급을 가진 사람들은 아무리 싸다는 것을 알고 있어도 펍에 들어가서 맥주를 마시지 않았습니다. 이것이 계급사회입니다. 계급사회라는 것은 사실 계급이 높은 사람이 '높은 계급의 디메리트'를 받아들였을 때 성립하는 것입니다.

의외라는 생각이 드실 겁니다. 계급이 높은 쪽에게 좋은 것이 아닙니다. 계급이 높으니까 술집에 가면 살롱에 들어가서 비싼 맥주를 마시는 것이 당연하고, 그만한 돈이 없다면 아예 가지도 말라는 것입니다.

즉, 힐튼호텔에서 480엔짜리 콜라에 불만을 투덜거린 나는 상류계급이 아니라는 것입니다. 상류계급이라면 '비싼 값에 대한 불만'이나 '합리적인 가격' 같은 말을 하지 말아야, 아니, 아예 계산서조차 보지 않고 지불하는 것이 올바른 행동일 것입니다.

그러나 현재의 일본에 그런 계급 문화는 존재하지 않습니다. 존재하지 않지만 고급 호텔이라는 것은 그 결론 부분만을 가지고 왔습니다. 그 결과 '호텔의 냉장고는 비싸구나.' 하는 식으로 생각할 수밖에 없습니다. 오히려 요즘 부자들은 합리적이기 때문에 근처 편의점에서 맥주를 사 오게 됩니다.

자, 이것은 어디까지나 일본의 이야기입니다. '계급사회', '계급 문화'가 없는 나라의 상식입니다.

그럼 계급사회가 있는 나라는 무엇이 다른 것일까요? 대체 계급 문화라는 것은 무엇일까요?

계급 문화라는 것은 각각의 계급에 뿌리를 둔 문화로, 다른 계급에서는 이해할 수 없는 문화입니다. "뭐가 좋다는 것인지 모르겠다."는 소리가 나오게 되는 문화입니다.

영국의 노동자 계급이라면 펍의 텔레비전으로 축구 경기를 보면서 타블로이드 신문을 읽습니다. 영국의 어퍼 미들 계급은 살롱의 신문에서 럭비 기사를 읽고 타임스지를 봅니다. 에스콰이어 계급은 회원제 클럽에서 카드를 하거나 미술관에 갑니다.

이처럼 계급에 따른 오락이나 문화 그 자체가 완전히 다릅니다. 때문에 아래쪽 계급이 무리를 해서 미술관에 가도 즐겁지 않고, 상류계급이 펍에 들어가서 싼 맥주를 마시면 "당신, 뭐 하러 왔어?" 같은 소리를 듣게 됩니다.

다른 계급의 문화는 이해할 수 없고 이해하고 싶지도 않다는 것. 서로가 그렇게 생각하면서 단절되어 있는 것을 당연하게 생각하는 상태. 이것이 계급입니다.

오늘날 일본에는 '장소의 계층'이라는 것이 있습니다. 일본이 점점 계급사회가 되어 간다고 하는 사람이 있습니다만 큰 착각입니다. 일본은 계층 사회가 되어 가고 있지만 계급사회가 되고 있지는 않습니다.

만약 계급 문화가 있다고 한다면 상류계급 사람은 상류계급의 사람밖에 이해할 수 없는 것을 해야만 합니다. 예를 들면 가부키가 있겠습니다. 가부키라는 것은 상류계급 사람이 보는 것이고, 재미도 없는 것을 열심히 보고는 멋지다고 진심으로 말해야 하는 것입니다.

텔레비전에서 버라이어티를 보고 웃으면 안 됩니다. 왜냐하면 텔레비전이라는 오락은 노동자 계급의 것이기 때문입니다. 맥주가 싸다고 펍에 들어가지 않는 것과 마찬가지로 상류계급 사람은 버라이어티를 보고 싶어도 보면 안 되고, 우리들 같은 노동자 계급은 가부키를 보고 싶어도 보면 안 되고, 마찬가지로 오페라를 봐도 안 됩니다. 이것이 계급사회의 사고방식입니다.

하지만 일본인은 그런 사고방식을 전혀 가지고 있지 않습니다. 가부키를 보러 갈까 오페라를 보러 갈까 고민하는 것, 그건 단순한 '취미'의 문제입니다.

돈에 여유가 있다면 영화관에서도 특별석에 앉을 수 있습니다. 모든 것은 자신의 지갑에 달린 문제입니다. 이것은 계급이 아니라 계층이 있는 것뿐입니다. 그 계층도 노력하면 뛰어넘을 수 있는 정도입니다. 엄청난 부자가 하고 있는 오락이라는 것은 조금 덜 부자인 사람이 열심히 하면 손에 넣을 수 있습니다. 조금 덜 부자가 즐기는 즐거움은 돈이 없는 사람이라도 조금만 노력하면 손에 넣을 수 있습니다.

예전에 엄청난 부자를 위한 상품 중 '한 잔에 5만 엔짜리 우롱차 티백'이라는 것이 있었습니다. "헉!" 하는 생각이 들지만, 그런 건 누구라도 열심히 일하면 1년에 한 번 정도는 마실 수 있습니다. 1년에 한 번 마실 수 있다고 해서 이것을 매일같이 마시는 엄청난 부자의 계급이 부러운가 하면 그렇지 않다는 것입니다.

5만 엔짜리 차를 마신 뒤, '맛있다면 맛있는데, 역시 5만 엔짜리!'라고 생각할 뿐이지 '역시 상류계급만 마실 수 있는 차로군.'이라고는 생각하지 않습니다.

단순한 가격의 문제이기 때문입니다.

자, 여기까지의 얘기는 '노동자 계급에 문화가 있고, 상류계급에도 문화가 있다. 그 문화의 차이가 계급사회다.'라는 것인데 이것이 유럽에서는 좀 더 극단적이었습니다.

일본은 에도시대까지는 상류계급에서 하류계급까지 모두가 비교적 풍족했기 때문에 계급끼리 서로 문화를 교류하여 대화를 할 수 있었습니다. 그러나 유럽에서는 상류계급만을 위한 문화가 있었고 하류계급에게는 문화가 없었습니다. 귀족들이 문화를 독점한 것입니다. 때문에 유럽의 대중문화라는 것은 전부 '대량 생산되어 가격이 저렴해진 귀족 문화'입니다.

예를 들어 귀족이 음악을 들을 때에는 실내 관현악단이 동원됩니다. 집에서 자신이 데리고 있는 악사에게 연주를 시키는 것입니다. 자신이 식사를 하거나 이야기를 할 때, 거기에 맞추어 곡조나 템포도 바뀝니다. 완전한 오더 메이드 연주, 그것이 바로 음악이었습니다.

그것이 대중문화가 되었을 때 오케스트라라는 것이 생겨났습니다.

우리들은 오케스트라라는 것을 '음악의 사치품'이라고 생각하는데요, 크게 잘못 알고 있는 것입니다. 오케스트라라는 것은 '대중을 위한 염가판'입니다. 왜냐하면 모르는 사람들과 함께 공공장소에서 듣는 천박한 음악이기 때문입니다.

중세 작곡가가 만든 음악은 원래 닫힌 공간인 거실이나 무도회장 등에서 많아 봤자 10~15명 정도의 편성으로 듣도록 써진 것입니다. 그것을 입장료까지 내면서, 누구나 들어갈 수 있는 큰 홀에 천여 명이나 되는 사람을 채워 놓고 들을 수 있도록 편성한 것이 오케스트라 음악입니다. 말하자면 대량 생산품입니다.

귀족이 자기 집에서 사치를 부리며 듣는 것은 실내 관현악입니다. 그것이 오케스트라제이션된 순간 가난한 사람들을 위한 대량 생산품이 됩니다.

귀족 문화라는 것이 쇠퇴하면서 대중사회가 성립한 결과 오케스트라제이션 기술이 지속적으로 발전하게 되었고, 그에 따라 진짜 실내 관현악을 들을 수 있는 환경이 쇠락하게 되었습니다. 그 결과 오케스트라가 음악의 본류 자리를 차지한 것입니다. 이것이야말로 귀족 문화가 쇠퇴하고 대중문화가 발전한 증거라고 할 수 있을 것입니다.

이처럼 대중사회의 문화라는 것은 이전에 있었던 계급 문화, 귀족 문화를 점점 대중화하면서 양분을 얻어 왔습니다. 그러나 이제는 그것도 바닥이 났고, 상황도 완전히 달라져서 이제는 단순히 돈 문제가 되었습니다.

에르메스 백은 80만 엔이라서 살 수 없을 뿐이지 에르메스 백이 뭔지도 모르는 것은 아닙니다. 그런 생각 자체를 하지 못한다거나 그런 것을 원하지도 않는다는 것이 계급 문화입니다. 단순히 돈이 없으니까, 긴자까지 가기엔 머니까, 줄을 서서 기다려야 하니까 가질 수 없다는 것은 계층 문화인 것입니다.

예를 들어 애니메이션이라는 것은 네리마[101]의 가난뱅이가 만들고 전 세계 사람들이 즐깁니다. 음악도 가난한 흑인이 랩이나 스트리트 뮤직을 만들고 부자가 돈을 내서 권리를 사는 것입니다.

문화를 만드는 것 자체가 귀족만의 것이었습니다. 하지만 대중사회에서는 마침내 문화 그 자체도 대중이 만들게 되었습니다. 대중이 만든 것이 가장 재미있다는 것을 알고 있기 때문에 이제 와서 귀족끼리 계급을 만들어도 의미가 없습니다.

예를 들어 백인이 미국을 지배하고 있다고 생각해 봅시다. 백인이 모여서 인구 5천만 명 정도의 백인 나라를 만들고, 그들이 남은 60억 인구를 지배한다고 했을 때 그들이 풍족하게 살 수 있을까요?

그들이 풍족한 삶을 지탱할 사치품은 남은 59억5천만 명이 만드는 것입니다. 59억5천만이 만든 애니메이션, 그들이 만든 음악, 그들이 만든 영화 중에서 좋은 것을 살 수밖에 없겠죠.

재미있는 것이나 즐거운 것, 사치품이라는 것은 자유경쟁 속에서 가장 '좋은 것'이 나옵니다. 부자나 임금님에게 '만' 제공되는 것은 껍데기나 재료는 훌륭한 것이 들어갈지는 몰라도 품질은 '그냥 저냥'인 중

---

101 네리마
도쿄 네리마구를 가리킨다. 1960년대 최초의 TV용 애니메이션 '아톰'이 만들어졌기에 애니메이션의 발상지로 알려지게 되었다. 애니메이션 산업의 여명기 때에는 애니메이터들이 변변한 임금도 받지 못한 채 혹사당했으며 이러한 전통은 2010년대에도 변함없이 지켜져 내려오고 있다.

급품입니다.

흔히들 그렇게 말하지 않습니까. '소문난 맛집에 먹을 것 없다.'는 법칙인 셈입니다.

자, 재미있는 것과 맛있는 것을 만드는 것은 지배당하는 쪽입니다. 그렇게 되면 어떻게 될까요? 지금은 프랑스나 미국의 오타쿠 중에서도 쉽게 찾아볼 수 있는데 '나도 일본에서 태어났으면 좋았을걸.' 하고 생각하거나 '흑인으로 태어났으면 좋았을걸.'이라는 사람까지 생깁니다.

'지배하고 있으니까 훌륭하다.'라는 역학 관계가 뒤집혀 버립니다. 결국 인종적인 분리 정책이라는 것은 의미가 없어지게 됩니다. 이것이 지금 우리들이 사는 세계의 현실입니다.

계급사회가 있는 곳이라면 계급마다 문화가 존재할 것입니다. 그러나 지금의 일본에는 계급마다 존재하는 문화 같은 것은 없습니다. 그래서 저는 "지금의 일본에는 경제 계층은 있지만 계급 같은 것은 존재하지 않는다."고 말하는 것입니다.

예를 들어 말하자면, 지금 일본에서 엄청난 부자와 최하층의 차이는 집에 있는 텔레비전의 차이입니다. 최고 부자의 집에는 대형 플라즈마 디스플레이가 있습니다. 가장 가난한 사람에게는 소형 텔레비전밖에 없습니다. 그러나 그 텔레비전에서 나오는 것은 아카시야 산마[102]의 버라이어티 방송입니다. 롯폰기 힐즈에 사는 승리한 인생도, 철거 예정 아파트에서 퇴거 독촉을 받는 어려운 인생도 전부 같은 텔레비전 방송을 보고 웃는 것입니다.

지금의 일본에는 엄청난 부자라고 해서 그들만을 위한 방송을 만들

---

102 아카시야 산마
1980년대 일본의 BIG3 개그맨 중 한 명이라고 평가받는 연예인. 개그맨, 사회자, 배우, 가수, 라디오 진행 등 다방면에서 활동했다.

지 않습니다. '스타워즈'는 일부 귀족이나 부유층을 위해 '스타워즈 비밀 버전'을 만들지 않습니다. 모두 똑같은 것을 보아야 하는 것입니다. 왜냐 하면 지금 전 세계의 문화가 대중문화이기 때문입니다.

전 세계에 있는 어중간한 부자들부터 가난한 사람까지 모두가 돈을 벌기 위해 움직이는 것, 이것을 자유주의 경제라고 말합니다. 자유경제가 발달한 덕분에 이 세계의 모든 '좋은 것'은 누구나 돈만 지불하면 손에 넣을 수 있게 되었습니다.

그리고 그 '가격이 높을수록 좋은 것'이 있다면 '가격은 그 절반인데 거의 그만큼 좋은 것'이 반드시 존재합니다. 심지어 '가격은 10분의 1인데 속은 절반 정도인 것'까지도 넘쳐 나고 있습니다.

결과적으로 귀족이나 상류계급이 할 수 있는 것은 프리미엄 좌석에 앉는 것 정도입니다. 모나코의 별장에서 F1 레이스를 직접 볼 수도 있을 것입니다. 하지만 그 1억 분의 1 정도의 투자로 자기 집에 있는 방에서 레이스 중계를 볼 수 있는 것입니다.

이때 중요한 것은 'F1 레이스를 즐긴다.'는 의미에 있어서는 모나코의 상류계급과 일본의 돈 없는 사람 사이에 아무런 차이가 없다는 것입니다. 상류계급만이 이해할 수 있는 재미가 있는 것도 아닙니다. 오히려 노동계급이 지지해 주기 때문에 레이스의 응원도 뜨거워지는 것입니다.

마찬가지로 그들은 두 배 금액을 들여서 '스타워즈'를 특별 좌석과 프리미엄 시사회에서 볼 수 있지만, 그 열 배의 돈을 내도 열 배 더 재미 있는 '스타워즈'를 해 주는 건 아닙니다.

아쉬운 일입니다. 모처럼 5백만 엔짜리 플라즈마 디스플레이를 샀는데도 '개그콘서트'는 '개그오페라하우스'가 되지 않습니다. 엄청난 특수 효과나 오케스트라가 나오지 않습니다. 텔레비전 방송은 누구에게나 똑같습니다.

영화도 텔레비전도 소설도, 아니, 미식이든 패션이든 그 어떤 것이든 간에 상류계급만이 손에 넣을 수 있는, 신분이 높은 사람만이 손에 넣을 수 있는 것은 이제 이 세상에 존재하지 않게 되었습니다.

예를 들어 '터미네이터4'를 제임스 카메론이 만든다고 해 봅시다. 이것은 세계의 왕후 귀족만 볼 수 있다고 하면서 제작을 해도 그 시사회 티켓은 야후 옥션에서 1억 엔 정도면 살 수 있을 것입니다. 자유주의 경제라는 것은 그런 것입니다.

계급사회는 아직 인도의 시골 같은 곳에는 남아 있습니다만 이젠 아주 빠르게 과거의 산물이 되고 있습니다. 왜냐하면 지금까지 말했듯이 자유경제를 취하면 나라가 더욱 번영한다는 것을 알게 되었기 때문입니다.

동시에 재미있는 것, 좋은 것을 만든다고 하면 만드는 사람끼리 마음대로 경쟁을 시켜서 더 나은 것을 만들게 하는 쪽이 더 좋은 것을 낳을 수 있다는 것을 알았습니다. 상류계급이 "우리들 전용으로 멋진 것을 만들어 주게."라고 말하는 것보다 더 나은 결과물이 만들어진다는 것을 알게 되었습니다.

천황 폐하의 요리사보다 평범한 미식 잡지 필자가 정보를 총동원하여 찾아간 가게 쪽이 더 맛있다는 것을 우리들은 이제 알고 있는 것입니다.

때문에 계급사회라는 것은 붕괴하고 말았습니다.

결과적으로 무엇을 말할 수 있을까요?

당신이 세계를 정복했다고 해도 사실 그렇게 '달콤한' 보상은 없다는 것입니다. 당신이나 당신의 일족, 친구들이 '지배자 계급'을 만들어도 그 지배자 계급만을 위해 만들어진 '사치' 같은 건 오늘날의 자유 사회, 대중사회의 '돈으로 살 수 있는 사치'에 비하면 턱없이 부족하다는 것입니다.

확실히 18세기 정도까지는 세계 정복을 해도 의미가 있었을지 모르겠습니다. 국왕끼리, 아니면 장군끼리 싸워서 이기면 지배를 통해 상류계급의 문화를 독점할 수 있었던 시대였으니 말이지요.

그러나 지금은 세계를 정복한다고 하더라도 '부를 독점'한다는 것에는 아무런 의미가 없게 되고 말았습니다. 부를 독점하는 것이 아니라 시장을 활성화하여 모두가 풍족한 세계를 만드는 것, 그것이 지배자가 좀 더 단순하고 확실하게 '부귀영화'를 누릴 수 있는 방법인 것입니다.

4.
결론_이것이 '세계 정복'이다!

자, 마침내 이 책의 결론 부분입니다.

오늘날의 세계에 있어서 예전에 상상했던 것 같은 '세계 정복'은 무의미하다는 것을 알았습니다.

그 옛날, '정복'이라는 것은 영토를 넓히는 것이었습니다. 왕이나 지배자는 자신의 영지를 걸고 다른 지배자와 싸웠습니다. 이기면 영지는 늘어나게 되며 그것이 바로 '세계를 다스린다.'는 의미였던 것입니다.

시대는 흘러서 '세계를 다스린다.'는 것의 의미가 바뀌었습니다.

'부'를 자국이나 자신에게만 집중시키는 것(스페인이나 대영제국), 군사력으로 우위를 점해서 전 세계 어느 나라도 침공하지 못하게 만드는 것(구소련이나 냉전 시대 미국), 가치관이 다원화된 사회에서 자신들의 문화를 스탠더드로 만드는 것(로마제국과 현재의 미국) 등 다양한 모습을 지니게 되었습니다.

지금도 세계를 지배하려고 하는 개인이 있을지 모르겠습니다. 그러나 만약 존재한다고 해도 그들을 기다리고 있는 것은 '인류의 뒤치다꺼리'나 '우리를 더 풍요롭고 편하게 해 줄 사람'이라는 역할뿐입니다. 대기업의 사장직이 고생과 의무만 많고 절반은 명예직이나 다름없다는 것과 놀랄 정도로 비슷합니다.

물론 인류를 지배했다는 실감을 맛보고 싶다면 사람들을 자기 맘대로 죽이고 약탈하는 것도 자유입니다. 하지만 '지배'하고 있는 이상 이미 그것은 당신의 것입니다. 어째서 죽이거나 빼앗을 필요가 있습니까? 부자들은 부자가 된 실감을 느끼기 위해 1억 엔을 쌓아 놓고 태우지 않습니다. '실감을 느끼기 위해 헛돈을 쓴다.'는 것은 '당사자'가 아닌 사람들의 발상입니다.

그러면 오늘날 '세계 지배'는 무의미한 것일까요?

대중사회로 계속 발전해 온 우리들의 세계는 이제 '지배'한다는 의미를 잃어버린 것일까요?

아닙니다. 나는 그렇게 생각하지 않습니다.

계급사회라는 것은 서로 가르쳐 주지 않는 것으로 인해 성립합니다. 상류계급에게는 하류계급에 대해서 알려 주지 않는 것, 하류계급에게는 상류계급에 대해 알려 주지 않는 것으로 인해 성립했습니다.

하지만 인터넷 시대인 지금은 정보가 계속 공유화되면서 계급사회 그 자체가 성립할 수 없게 되었습니다. 대단히 비밀스러운, 상류계급밖에 갈 수 없는 온천이 있었다고 해도 이제는 하룻밤 50만 엔이라는 가격이 붙고, 인터넷에서 예약을 받으며, 누구나 갈 수 있는 장소가 됩니다. 문제가 되는 것은 오직 돈뿐입니다. 그런 '경제주의와 인터넷'이 우리들 사회의 계급을 없애고 있는 것입니다.

예를 들어 행정이라는 것도 지배의 일환으로 생각할 수 있습니다. 신주쿠구의 행정이나 도쿄도의 행정, 이런 것도 지배 형태 중 하나입니다.

정보화가 진행되면 진행될수록 지배, 즉 행정은 대단히 어려워집니다. 당연한 이야기입니다만 경찰이 정보를 자유화하여 이번 주 집중 단속을 하는 장소를 발표하면 교통 위반자는 계속 줄어들어서 0에 가까워집니다. 집중 단속 구간에서만 속도를 위반하지 않으면 되기 때문입니다.

"이번 주 중점적으로 돌아다닐 주차 위반 단속 루트는 XX입니다."하고 경찰이 정보를 공개하게 되면 경찰은 거의 단속을 하지 못하게 됩니다. 정보의 자유화라는 것은 지배를 불가능하게 만듭니다. 또한 정보의 자유화로 인해 일찍이 지배자가 받았던 '존경', '공포', '숭배', '증오' 같은 특권도 잃어버리게 되었습니다.

오늘날 일본의 악역은 정치권이 아니라 스캔들을 일으킨 탤런트입니다. 존경하는 사람 순위 1위가 '천황'이 아닌 '지성파 탤런트'인 세상입니다.

'모든 것에 가치가 붙는 경제사회'나 '모든 정보가 흘러 다니는 정보사회'에는 지배자가 필요 없습니다. 단순한 기분에 따른 '흐름', '유행', '마츠리103'만이 지배합니다. 지금의 세계는 이미 자유경제와 인터넷 사회, 정보사회에 의한 혁명이 끝난 세계입니다.

여기서 다시 한 번 세계를 지배하는 것은 대단히 어렵습니다. 그 이

---

103 마츠리
인터넷에서 무슨 사건이 터지는 것을 표현하는 일본 인터넷 용어. 마츠리는 축제라는 뜻으로, 인터넷에서 흥미를 끌 만한 (주로 부정적인) 사건이 터지면 네티즌들이 신나서 몰려드는 모습이 축제가 열렸을 때 사람들이 신나서 몰려나오는 모습과 비슷하다고 하여 지금의 뜻을 가지게 되었다. 흥미의 대상이 사건이나 이벤트, 특정 집단, 아니면 자기 자신인 경우도 있기 때문에 이지메나 마녀사냥보다 더 넓은 의미로 쓰이는 용어.

유를 찾는다면 자유경제와 인터넷 사회라는 시스템에 따라 우리들의 '기분'이 유행을 만들고, 그것이 우리들 자신을 지배하고 있기 때문입니다.

일단 이 지배에는 이길 수가 없습니다. 왜냐하면 자유경제도 인터넷도 단지 시스템이기 때문에 중심점이 없고, 지배자가 없기 때문에 공격을 할 수가 없기 때문입니다. 물론 이 시스템을 교활하게 이용하는 놈도 있을 것이고 득을 보는 사람이 있다면 피해자도 있습니다. 그러나 누군가가 지배하고 있는 것은 아닙니다. 유행이 일어나거나 무시당하거나 마츠리의 중심이 되어 두들겨 맞을 뿐입니다.

이런 세계에서 '세계를 지배하자.'라는 생각을 한다면 그건 이제 '경제와 정보의 자유화'를 부정하는 수밖에 없습니다. 자유경제와 인터넷 사회를 파괴하라는 말이 됩니다.

지배자가 없는 대중사회라고 해서 현재의 사회가 전부 올바른 것은 아닙니다.

자유경제라는 것은 어떻게 해도 빈부의 격차가 생깁니다.

인터넷 사회라는 것은 무엇이 올바른 것인지 잘 알 수 없습니다. 올바른 것을 생각한다는 습성을 없애 버립니다. '생각할 필요가 없고 매 순간 잘 빠져나가기만 하면 된다.'거나 '내가 생각할 필요 없이 인터넷에서 무슨 소리를 하는지 잘 봐 두기만 하면 돼.'라는 생각에 빠지기 쉬워집니다. 자유경제는 빈부의 차이를 점점 크게 만들고 있으며 인터넷 사회는 개인의 생각하는 힘을 빼앗고 있습니다.

여기에 대해 혁명을 시도하려고 한다면, 우리들이 새로운 세계 정복을 생각해 내려고 한다면 이 두 가지를 부수지 않을 수 없습니다.

'너무 어려운데요.' 하는 생각이 들겠지만 사실 그 내용은 이런 것
입니다.

자유경제를 무너뜨린다는 것은 결국 우리들은 비싸도 굳이 이것을
사겠다는 것과 같은 사고방식입니다. '제3국 사람들이 열심히 만든 물
건이니까 이 비누는 본래 50엔이지만 200엔을 주고 삽시다. 150엔은
그 나라의 경제에 투자합시다.'라는 쇼핑 방법입니다.

인터넷 사회에 싸움을 건다는 것은 자신 개인이 PC를 쓰지 않는다,
인터넷을 쓰지 않는다는 것만으로 끝나는 문제가 아닙니다. 인터넷의
상식이나 소문, 마츠리에 힘을 보태지 않는다는 것으로도 부족합니다.
'정보'라는 사고방식 자체를 부정해야 합니다.

책이나 인터넷의 정보보다도 가까운 '손윗사람', 즉 부모님이나 선
생님, 상사가 말하는 것을 믿고 행동하는 사회. '지식'이나 '지성'이 아니

라 '양식'이나 '교양'을 쌓아 나가는 것. 그것이 바로 현대의 '세계 정복' 논리입니다.

바로 지금 신세대 스타일의 '세계 정복을 꾸미는 비밀결사'를 생각해 낸 것이 아닐까 합니다.

지금까지 하던 방식의 악의 조직으로는 더 이상 어렵다는 생각, 그 정도로는 불가능하다는 생각에서 태어난 '네오 악의 조직'입니다.

내걸어야 할 깃발은 아마도 안티 경제사회겠지요. 즉, '빈부의 격차를 없앱시다!' 혹은 '여러분 좀 더 가난해집시다.'인 것입니다.

다음은 안티 인터넷입니다. 이 세계를 '정보'라는 신앙에게서 다시 한 번 해방시키는 운동입니다. 정보가 아니라 살아 있는 사람의 말들, 특히 자신이 아는 사람을 긍정하고 그것을 존경하는 것을 목표로 해야만 합니다.

열심히 일해도 빈부의 격차가 생기지 않는 사회, 거기에 세상 돌아가는 일을 잘 모르게 되는 사회, 인터넷이나 '정보'에 의존하지 않고 선생님이나 상사, 부모님 같은 '손윗사람'의 말을 인정하는 사회, 대단하지 않습니까?

지금의 세계와는 완전히 거꾸로 가자는 것, 이것이 오늘날의 '악의 이론'입니다.

평소에 나쁜 짓을 하면서 찢어진 청바지를 입고 펑크록을 듣는 형씨는 꼭 이 정도의 '반사회적'인 행동과 사상을 가지고 있었으면 좋겠습니다.

새 시대의 '악의 조직'은 아마도 자원봉사 형식으로 사람과 사람 사이의 교류가 중심이 될 것입니다. 때문에 그저 그런 에콜로지 단체로 보일지도 모르겠습니다.

'악'이라는 것은 '그 시대의 가치나 질서 기준을 파괴하는 것'입니다.

에도 말기의 악은 '개국파'였고, 나중에는 '막부 타도에 찬동하지 않는 자'로 바뀌었습니다.

메이지부터 쇼와 시대 초기의 악은 부국강병에 반대하는 비국민이 었습니다.

버블 시기의 악은 '돈이 있는데 벌지 못하는 것'이었고 버블 붕괴 후의 악은 '돈밖에 생각하지 않는 것'이었습니다.

40년 전의 미국에서 동성애는 악이었으나 현재 미국에서는 동성애 자를 차별하는 것이 악입니다.

전쟁 전의 악은 '부모의 반대를 무릅쓰고 고향에서 빠져나가는 것' 이었으나 최근의 악은 '자기가 하고 싶은 일을 안 하고 참는 것'입니다.

악이라는 것은 시대에 따라 바뀝니다. 그렇다기보다 '그 시대가 믿고 있는 가치관에 반대하는 것'이 악의 정의인 것입니다. 그리고 그 흐름에 따라 생각해 본다면 현대의 악은 '대중사회', '정보사회'에 반대하는 것이 될 것입니다.

정리하자면 악이란 것은 무엇인가? 그것은 사람들의 행복을 파괴하기 위한 행위입니다. 그리고 사람의 행복감이라는 것은 '그 시대의 가치관'이 결정합니다. 즉, '그 시대의 가치관 = 행복감'에 데미지를 입힐 수 있는 행동이나 언행이 바로 악인 것입니다.

그러면 '세계 정복'이란 무엇인가? 그것은 사람들의 평화로운 생활을 빼앗는 행위입니다. 평화라는 것은 '현재의 사회 질서가 유지되는 상태'를 가리킵니다. 결국 '악에 의한 세계 정복'이라는 것은 사람들의 행복과 평화 = '현재의 가치관과 질서의 기준'을 파괴하는 것이라 할 수 있습니다.

그럼 '현재의 기치, 질서 기준'이란 무엇일까요? 그것은 '자유주의 경제'와 '정보의 자유화'입니다. 그러나 자유주의 경제라는 것은 사실 '빈부격차를 긍정'하기도 합니다. '누구나 부자가 될 찬스가 있다.'는 것은 '머리가 좋거나 운이 좋은 사람은 계속 여유가 늘어나도 된다. 그렇지 못한 자는 패배자이기 때문에 동정할 필요가 없다.'는 사고방식이기 때문입니다.

강자를 긍정하고 약자를 경멸하는 논리. 그것이 자유주의 경제의 근본적 결함입니다.

또 한 가지, '정보의 자유화'라는 것은 어떤 것일까요? 자유화된 정보는 '배우는 프로세스' 자체를 경시합니다. 몇 년이나 연구해 온 전문가의 의견이 인터넷 블로그에서 잠깐 고민하고 쓴 글과 똑같은 '정보'라는 가치로 판단됩니다. 원래대로라면 시행착오나 오랜 세월을 통해서 성장시켜야 할 '가치관'이라는 것조차 최근의 텔레비전이나 인터넷, 블로그에서는 '유행'에 따라 정해지고 있습니다.

개인에게서 신념이나 가치관, 생각하는 힘을 빼앗고, 사회 풍조나 인터넷 내에서의 유행 = '마츠리'만으로 살아가는 것을 당연하다고 생각하는 문화. 그것이 '정보의 자유화'가 가진 어두운 면입니다.

지금 우리들이 '악'을 생각한다면 이 두 가지를 적으로 삼아야 합니다. 왜냐하면 악이라는 것은 '그 시대의 가치, 질서 기준을 파괴하는 것'이기 때문입니다.

'오늘날 세계 정복은 가능한가?'

아마도 그것은 가능합니다.

그리고 현대의 '악의 조직'은 자원봉사 형식의, 에콜로지 단체 같은 것으로 의외로 마음이 따뜻해지는 구호 아래에 모여드는 단체가 되지 않을까 생각합니다. 즉, '지역 통화를 다시 생각한다.'거나 '경제 우선이 아니라 공정 무역 우선'이거나, '자원봉사 비영리 단체 활동', '인터넷이 아닌 사람과 사람의 직접적인 교류'를 널리 퍼뜨리려는 단체입니다.

이러한 가치관이 널리 퍼지면 현재의 사회를 안정시키고 있는 '자유경제 원리'와 '계급의 무의미화'라는 요소에 금이 가게 될 것입니다.

세계 정복을 노리는 사람이라는 것은 현재의 상태를 부정하는 사람을 말합니다.

사람에게 따뜻하고 환경에 따뜻한 사람, 양식과 교양이 있는 세계를 목표로 하여 '악'이 번영하는 세계를 만들어 봅시다.

'좋은 것을 보다 싸게'가 아닌 '사람을 착취하여 이익 보는 것을 그만두자.'는 생각을 합시다.

'트렌드에 민감하게' 혹은 '자신이 하고 싶은 것을 찾자.'가 아니라 '어르신에게 친절하게' 또한 '학교에서 공부하자.'는 생각이 중요합니다.

지금 현재의 '행복'과 '평화'에 No라고 말하는 것.

새로운 '행복'과 '평화'를 세계에 선언하는 것.

그것이 새 시대의 세계 정복을 향한 구호인 것입니다.

작가 후기

먼저 인사를 드리고 싶습니다.

고생이 많으셨습니다.

지금까지 오랜 시간 동안 책을 읽으면서 마침내 '후기'까지 읽는 독자 분들께 정말로 감사하다는 말씀밖에 드릴 수가 없습니다.

'악이라는 것은 그 시대의 가치, 질서 기준을 파괴하는 것'이라는 심플한 결론에 이르기 위해서는 책을 계속 읽으실 수밖에 없었겠지만, 그래도 2백 페이지에 가까운 서적을 마지막까지 읽어 주셔서 정말로 감사드립니다.

그러나 생각해 보면 길을 멀리 돌아온 것입니다. 계기는 단순히 '애니메이션의 악역은 조금 이상한데……' 하고 생각한 것뿐입니다.

'최근의 애니메이션이나 특촬 방송의 악역들은 매일같이 '세계 정복'이라든가 '인류 멸망' 같은 것만 외치는걸. 왠지 말하는 녀석도 자기가 하는 말을 믿지 못해서 세계 정복이라는 것은 그냥 겉으로만 하는 소리고, 죄 없는 사람을 죽이는 묘사에만 힘이 꽉꽉 들어갔네.'

이런 것을 붕 뜬 기분으로 생각했던 것뿐이었습니다.

그런 나에게 신주쿠에 있는 토크 라이브 하우스인 '로프트 플러스 원104'의 사이토 유리코105 씨가 이벤트에 대한 기획을 가지고 왔습니다. "오카다 씨가 하고 싶은 이야기가 있으면 무엇이든지 하세요."라는 그녀의 권유에 나도 모르게 넘어가서 "그럼 모처럼 여름방학이니까 '세계 정복 입문' 같은 건 어때?"라고 대답한 것이 모든 일의 발단이었습니다.

즉각 돌아온 대답은 "재미있을 것 같은데요!"

그런 연유로 2006년 7월 23일에 다음과 같은 제목으로 원 맨 토크쇼를 했습니다.

오카다 토시오 교수의 특별 강좌.
여름방학 탐구 생활 '세계 정복을 하자!'
동서고금의 만화, 소설, 영화, 텔레비전 방송에 등장하는 악당. 어

---

104 로스트 플러스 원
일정한 테마를 주제로 공연 대신 토크쇼를 가지는 라이브 하우스. 음악, 영화, 문학, 만화, 애니, 스포츠, 만담, 에로, 과학기술, 정치, 경제 등 모든 테마를 주제로 연일 토크 라이브가 열린다. 서브 컬처의 전당으로 높은 입지를 가지고 있으며 안은 좁지만 술집 형태로 되어 있기 때문에 먹고 마시면서 토크쇼를 볼 수 있다. 이 식음료의 매출에 따라 출연자의 출연료가 결정된다고.

105 사이토 유리코
토크 라이브 하우스 '로프트 플러스 원'의 프로듀서.

째서 그 악당은 세계 정복을 하지 못하는 것인가!?

정의의 히어로가 있기 때문인가?

아니다, 그 이상으로 커다란 문제가 있기 때문이다!

그러다 그 이벤트의 객석에 앉아 있던 치쿠마 서적의 후지모토 유카리 씨가 "오카다 씨, 이거 책으로 내보지 않겠어요?"라는 제안을 했습니다.

이벤트 내용을 1년에 걸쳐 대폭 가필하고 양을 늘린 것이 이 책입니다. 사이토 씨와 후지모토 씨라는 두 명의 미녀가 이 책을 '낳은 부모', '키운 부모'인 것입니다. 독자 여러분에 대한 마음과 마찬가지로 그 두 분에게도 감사의 말씀을 드리고자 합니다.

'어째서 애니메이션이나 만화의 악역이 말하는 '세계 정복'은 거짓말 같아 보이는 것일까?'

'어째서 이혼이 증가하고 결혼하는 사람이 줄어드는 것일까?'

'우리들이 사는 세계는 이제부터 어떻게 변할까?'

나는 언제나 이런 내용들만 생각하고 있습니다. 이런 고민은 대학생 정도 나이에서 졸업해야 할 텐데 지금까지도 주욱 생각하고 있습니다. '전 세계 사람들이 너무 바빠서 생각할 시간이 없어졌으니, 그들 대신 생각해 주는 것이 내 일이다.'라고 생각하는 것이지요.

그런 문제를 생각해서 책을 몇 권 정도 썼습니다.『우리들의 세뇌 사회(아사히 문고)』,『프론(겐토샤 문고)』이라는 책은 이 책의 형제자매에 해당하는 존재이므로 만약 기회가 있다면 부디 읽어 보시기 바랍니다.

또한 감상이나 의견이 있다면 메일로 보내 주시면 감사하겠습니다.

Gfg04070@nifty.com

2007년 4월 18일 기치조지에서

오카다 토시오

역자 후기

- ……그럼 그렇게 부탁드리겠습니다. 아, 역자 후기도 써 주세요.

"네? 그런 것도 써야 하나요?"

- 물론이죠.

깜짝 놀란 제 물음에 당연한 것 이니냐는 말투로 전화는 끊어졌습니다. '그런 것'이라니 좀 무례한 발언을 한 것 같습니다만 저는 돈이 가지고 싶어서 세계 정복을 하는 바보 임금님 스타일이라 돈이 안 되는 일을 맡았다는 생각에 아마 자신도 모르게 소스라치게 놀라 저런 말을 내뱉은 것 같습니다. 만약 역자 후기에도 고료가 있다면 이 책의 두께가 두 배로 늘어났을 텐데요. 하지만 현실은 말 그대로 보너스 페이지 입니다.

도스토예프스키는 "존재의 이유를 알면 어떻게든 살아갈 수 있다."고 말했습니다. 갑자기 도스토예프스키라니 대체 무슨 말을 하고 싶은 건지……. 아무리 여름 감기에 걸려 기억이 끊기고 있다지만 좀 너무하지 않나 하는 생각이 듭니다. 하지만 이런 일로 백스페이스키를 누를 수는 없으니 어떻게든 계속 진행하도록 하겠습니다.

소싯적 부모님께서는 한 달에 일정량의 돈을 지불하면 얼마든지 책을 빌려 볼 수 있는 곳을 소개시켜 주셨습니다. 저는 그곳에서 동화책으로 독서 인생을 시작했습니다. 최대한 본전을 뽑아야겠다. 그런 서글픈 생각은 하지 않았습니다. 전 그때 초등학교도 들어가기 전이었으니까요. 하지만 의외로 책을 열심히 읽는 저의 모습을 보고 부모님께서는 훗날 훌륭한 사람이 될지도 모른다는 은근한 기대를 하셨던 것 같습니다. 실망을 드려서 죄송합니다, 아버지, 어머니. 자식 농사가 다 그렇죠, 뭐.

저의 독서량에 고무된 아버지께서는 따로 한 달에 한 번씩 돈을 쥐어 주며 책을 사 보라고까지 하셨습니다. 덕분에 오늘날 책에 돈을 쓰는 건 거부감이 들지 않나 봅니다. 조기교육의 힘은 이렇게 위대합니다. 그리고 저는 서점에서 만나게 됩니다. '드래곤볼'을.

본문에도 잠시 나오는 그 전설의 만화가 제 어린 시절에 큰 영향을 준 건 확실합니다. 그 후 저는 없는 용돈을 쪼개서 친구들과 같이 보수동 책방 골목을 누비며 만화책을 사 모으곤 했습니다. 당시 만화는 저에게 마법 같은 존재였습니다. 신기하고 재미있는.

그러던 어느 날 책장에 있던 만화책이 전부 감쪽같이 사라지는 정말로 마법 같은 일이 벌어졌습니다. 그 놀라운 마법을 부린 마법사는 어머니셨습니다. 저에게 아무런 말도 없이 만화책을 모조리 내버리신 거지요. 저는 그때 처음으로 목메는 서러움이 무엇인지 경험하게 되었습니다. 혹여 이 책을 읽는 학부모님이 계신다면 자녀들의 만화책이나 게임기는 함부로 버리시지 않는 게 좋아요. 아이들에게는 서러움을 뛰어넘는 한으로 남아 평생을 바쳐 만화책과 게임기를 사 모으게 될지도 모릅니다. 마치 빈사 상태에서 되살아난 사이어인처럼 전투력이 더 강해지게 되는 것이지요.

그러던 저는 어느 날 깨닫게 됩니다. 모니터 속 여자아이 말고 진짜 여자아이를 만나자. 놀이동산을 그래픽이 아닌 진짜 몸으로 느껴 보자. 손을 잡고 얼굴을 어루만지며 머리를 쓰다듬어 보자. 그렇게 갑자기 사춘기는 다가왔습니다. 하지만 어중간한 저는 현실과 픽션 사이에서 어영부영.

"만화, 게임을 끊지 못하고 애니메이션은 좋아하지만 오타쿠는 아니라구요!" 같은 설득력 없는 설득을 하는 멋없는 사람이 되고 말았습니다. 지금 생각하니 얼굴이 화끈해질 정도로 부끄럽습니다. 이것이 젊음인 거겠지요. 아아, 하지만 인정하고 싶진 않습니다. 제 젊음 때문에 생긴 과오라는 것을!

그렇게 어중간한 삶을 살던 젊은이에게 세컨드 임팩트가 닥칩니다. 작년 12월 한국에 방영된 그것. 네, 아는 사람은 다 아는 그것. 바로 '신세기 에반게리온 신극장판 파'가 개봉한 것이지요. 그리고 깨달았습니다. 난 아직 전차에 타고 있구나. 그리고 동시에 잊고 있던 사람이 생각났습니다.

아스카.

소류 아스카 랑그레이가 되었든 시키나미 아스카 랑그레이가 되었든 상관없어. 장미를 다른 이름으로 불러도 그 달콤한 향기는 변함이 없는걸.

저는 눈물을 흘렸습니다. 지난 10년은 잃어버린 10년이었다는 걸, 비겁했었다는 걸 깨달은 자책의 눈물이었습니다. 이제는 솔직한 삶을 살겠다. 내가 좋아하는 걸 마음속으로 당당히 인정하고 재미있는 인생을 살겠다. 그렇게 마음먹은 지 얼마 지나지 않아 번역 의뢰가 들어왔습니다. 여러분이 읽으신 바로 이 책입니다. 오타킹 오카다 토시오의 책이라니 이거 좀 운명의 장난 같았습니다. '에반게리온'을 만든 가이낙스를 설립한 사람이 바로 오카다 토시오였으니까요.

하지만 책에는 아스카가 안 나오잖아. 아마 나는 안 될 거야. 저는 급실망하였지만 그래도 세계 정복을 하면 부모님께 효도할 수 있다는 생각 하나로 열심히 읽었습니다. 뒤로 갈수록 저자 특유의 넓은 시각에 빠져들게 되었고, 덕분에 유익한 시간을 보낼 수 있었습니다. 비록 세계 정복을 통한 효도는 이룰 수 없었지만요.

모자란 실력에도 불구하고 믿고 좋은 기회를 주신 파란미디어의 박대일 대표님에게 이 자리에서 감사를 드립니다. 덧붙여 여러분에게 놀라운 사실 하나를 알려드리자면 전 아직까지 굽시니스트님의 삽화를 보지 못한 상태입니다. 책이 빨리 나와서 삽화를 보고 싶습니다.

하지만 하나를 바라보다 보면 또 다른 하나를 못 보게 되는 모양입니다. 이처럼 좋아하는 걸 재미있게 해 나가는 인생을 살고 있다고 생각했으나 정작 제 자신의 옆을 보지 못했던 겁니다. 그 일은 지금 후기를 쓰는 순간까지도 상처로 남아 있습니다.

　진부 제 자신 때문이었습니다. 변명의 여지가 없었습니다. 결국 저는 그렇게 마지막까지 어중간한 사람으로 남게 되었습니다. 후회하고 있습니다. 여러분은 주변의 사랑하는 사람에게 감사함을 잊지 않으면서도 좋아하는 걸 좋아한다고 당당히 말할 수 있는, 자기 자신을 잃지 않는 그런 어른이 되셨으면 합니다. 그것이 또 다른 세계 정복이 아닐까, 저는 그렇게 생각합니다. 감사합니다.

2010년 11월
레진